ニア・ネイティブレベルを目指すための語彙学習

―日本語学習の経験者の視点から―

Achieving Native-Like Japanese Skill Through Vocabulary：
From the Perspective of the Japanese Learner

劉　志偉

日中言語文化出版社

目　次

第5章　慣用表現の学習
―中国語の慣用表現を受けての日本語「産出困難」も視野にいれて―

終　章　日本語の勉強の仕方
　　　　　─学習メモの取り方─

緒　言

ニア・ネイティブレベルを目指すための語彙学習は必要か

　教育機関において初級・中級、さらには上級学習者を対象とした日本語教育が整備されており、教材類と参考資料の出版も充実していると言える。これに対し、(上級以上で)ニア・ネイティブレベルを目指すための指導と資料はどちらも乏しく、未開拓地と称しても過言ではない。当然のことながら、学習経験者の視点からの発信も不足している。こうした状況に鑑みて、劉(2022)『学習経験者の視点から見た日本語教育文法―ニア・ネイティブレベルを目指すために―』では、筆者は日本語学習経験者の視点から文法学習を中心に学習者の要望などを提起した。一方、語彙学習についてもなお多くの課題が残る。そこで、本書は(上級以上で)ニア・ネイティブレベルを目指すための語彙学習について私見を述べる。なお、ここでいうニア・ネイティブレベルは劉(2022:10)でも述べたように、従来の「超級」という用語の代わりに、日本語指導者による受身的なラベリングではなく、学習者による能動的な学習姿勢に期待をこめたネーミングである。

　語彙学習についてはいくつかの捉え方がある。その1つに理解と産出の別があろう。上級以上の場合、かなりの理解語彙を獲得したものと考えられるが、ここでは産出の語彙について少し触れておきたい。産出できない語彙には「経験不足」によるものがある。たとえば、友人とベーカリーに入って、「パンが美味しそうだね」と言うよりは「このクロワッサン（orデニッシュ）が美味しそう」という会話になろう。

図1　「エクレア」

また、図1の写真をみて日本語母語話者ならエクレアとは何かを誰でも具体的にイメージできよう。しかし、筆者自身は日本語能力試験1級をもちながら、しばらくの間、エクレアのことを「チョコレートでコーティングしたパン」と連呼していた。この経験から上級以上ともなれば、上位語を中心としたこれまでの指導では限界があると言える。

　ただ、経験していても、苦手なカテゴリーは存在する。たとえば、中国の教育でも教わっているはずの公式類や記号類（「√」「：」）などを日本語で「ルート」「コロン」と容易に産出することはできない。

　また、語彙学習を語種別に捉える視点もある。たとえば、中国語を母語とする学習者は、外来語（またはカタカナ語）が苦手などは、とよく聞く話である。ただ、中国語に「機会」の同形語"机会"があるにも関わらず、中国人日本語学習者はなぜか「今度日本に行くチャンスがあったら、ぜひ訪れてみたいと思います」のように、外来語の「チャンス」を使いたがる傾向がある。この場合の「チャンス」は些か大げさである。本当に外来語が苦手なのかなとさえ思う節もある。

　ここでは語種としての漢語という概念よりもう少し範囲を広げ、漢字を含む語彙（本書では「漢字語彙」[1]）に思いを馳せてみたい。日本語にも多くの漢字・漢語が含まれており、中国語を母語とする学習者は、日本語の語彙学習において有利とされる。この点については直ちに異を唱えたい。これまでの研究でも「漢字語彙」における負の転移に関する言及は少なくない。従来では、理解や産出、そして語としての意味や使い方に注目する研究が多いが、筆者は「漢字語彙」の読みに着目したい。実際のところ、中国語母語話者は「漢字語彙」を、正確に読めない[2]からである。読めない理由は、既習の知識を応用しても正解に辿り着けない現代日本語「漢字語彙」読みの複雑な様相と、学習者自身の語彙学習姿勢の2点に求めることができる。前者は、日本語における漢字漢語受容の史的変遷に起因するものであるのに対し、後者は、中国語を母語とする学習者であるがゆえの驕りによるものである。

1　語種で言えば、漢語のほか、和語・混種語の一部も含まれる。
2　本書では音読みのほか、訓読みを含めて広義的に捉える立場である。

　そもそも中国語を母語とする学習者に限らず、「漢字語彙」の読みに関しては不思議に思われるところが多い。たとえば、都市名としては東京（とうきょう）／京都（きょうと）であるが、そこにある鉄道名となるとそれぞれ京急（けいきゅう）／京阪（けいはん）と呼ばれる。それに海外の都市名として北京（ぺきん）／南京（なんきん）もある。競争（きょうそう）系公営ギャンブルの競艇は（きょうてい）であるが、競馬／競輪はそれぞれ（けいば）／（けいりん）である。漁業（ぎょぎょう）関係では、魚を獲る船のことを漁船（ぎょせん）と呼ぶが、魚を獲る人のことは漁師（りょうし）となる。このほか施す意の「施行（しこう）」と「施術（せじゅつ）」もその1例であろう。

　また、敬語の接頭辞である「御」には御支払い（おしはらい）／御会計（おかいけい）／御ニュー（おにゅー）／御早々と（おそうそうと）／御指摘（ごしてき）／御尤も（ごもっとも）／御ゆっくり（ごゆっくり）／御中（おんちゅう）／御礼（おんれい・おれい）／御堂筋（みどうすじ）／御手洗（みたらい）／御意（ぎょい）／御苑（ぎょえん）のように「お」「ご」「おん」「み」「ぎょ」など複数の読み方が存在する。

　このように、同じ漢字には複数の読みがあることは学習者を悩ます種である。その最たる用例は「生」であろう。生そばは「きそば」なのに、生ラーメンとなれば「なまラーメン」と言わなければならない。出生・生得・羽生はそれぞれ（しゅっしょう、しゅっせい）（せいとく、しょうとく）（はぶ、はにゅう）のように2通りの読み方がある。「生」の音読みは学生（がくせい）という語から習いはじめて、次第に生じる（しょうじる）／生薬（しょうやく）／立ち往生（たちおうじょう）／養生テープ（ようじょうテープ）／今生の別れ（こんじょうのわかれ）のようなスムーズには読めない漢語に出会う。訓読みに至っては生む（うむ）／生まれる（うまれる）／生きる（いきる）／生かす（いかす）／生ける（いける）／生える（はえる）／生やす（はやす）のほか芝生（しばふ）／生憎（あいにく）／生い立ち（おいたち）／生地（きじ）／生業（なりわい）などの読みが多数ある。弥生（やよい）や壬生（みぶ）をはじめ、生田斗真、生駒里奈、桐生祥秀、羽生結弦、羽生善治、岡田将生、国生さゆり、麻生太郎、笹生優花

などの固有名詞（人名地名）のバリエーションも枚挙にいとまがない。中には東京都の福生（ふっさ）市、兵庫県の相生（あいおい）駅、鳥取県の皆生（かいけ）温泉といった難読のものも少なくない。

　和製漢語や国字があること、ひいては日本漢字音の存在も一部では知られている。しかし、現代日本語の読みの複雑な様相をもたらした史的変遷はこれらだけではない。学習者にはこれらのすべてを知る術がない。

> 「東京・京阪・南京」「言語道断・言語学習」（いわゆる日本語漢字音）、「洗滌（せんでき→せんじょう）」（慣用音）、「青梗菜」（近代音）、「三位一体・雪隠」（連声）、「法華経・変化（へんげ）」（合拗音の直音化）、「無骨・文盲」（和製漢語）、「冗舌・奇弁」（漢字廃止論を背景とした書き換え）、「最中（さいちゅう、さなか、もなか）」（音訓併存）、「新顔・路肩・雑木」（重箱読み）、「血肉・朝夕・引数」（湯桶読み）、「測る・図る・諮る・量る・計る」（異字同訓）、「美人局・老舗・数珠」（熟字訓）、「出鱈目・剣幕・面倒」（当て字）、「椿（つばき）・鮎（あゆ）」（国訓）、「躾・凧・凪」（国字）、「麿・粂」（合字）、「門出（母音脱落）、幸先（子音脱落）、声高（子音挿入）、風下（母音交替）」（変音）、「商人（あきむど→あきうど→あきんど）」（ム・ウ・ンの親和性）、「就中（なかにつく→なかんづく）」（鼻音性一致原則）、「寒川（さむがわ・さぶがわ・さんがわ）」（バマ相通）、「平塚らいてう・辛うじて」（オ段長音化）

　一方、中国語母語話者が漢字の読みを疎かにしがちな好例として「羊頭狗肉」が挙げられる。中国語の「挂羊头卖狗肉」に由来する表現であるため、「羊頭狗肉」をみて意味の推測ができない中国語母語話者はいなかろう（劉 2017）。しかし、上級以上の学習者でも、犬を意味する「狗」を正しく読める人は少ない。もう1例を挙げよう。「猪突猛進」の「猪」は中国語では「いのしし」ではなく、「豚」である。これもまた基本的な家畜の一種であり、馴染みのある動物であろう。語としての難易度は決して高くない。しかし、西遊記の猪八戒というキャラクターでも思い出さない限り、中国語母語話者にとって「ちょ」という読みには意外と辿り着けな

いものである。ここでは、便宜的に四字熟語を例に取り上げたが、中国語が母語であるため、多くの漢字表記をみて意味を推測できることが災いして、かえって「漢字語彙」の読みを疎かにしてしまう学習者が多く見受けられるのである。読みに自信のない語を見かけるたびに、「漢字語彙」読み方辞典でひたすら確認することが肝要である。

　このように、上級以前の語彙指導または学習とは異なり、さらにその上のレベルを目指す場合、様々な課題が残る。本書では、以下の構成で（上級以上で）ニア・ネイティブレベルを目指すための語彙について考えることとしたい。

参考文献

高梨信乃（2021）「「母語話者レベルの正確さを目指す文法」の意義」『日本語／日本語教育研究』12、ココ出版

高梨信乃（2023）「日本語教育文法」『日本語文法』23-1、日本語学会

劉志偉（2017）「川平ひとし著『中世和歌論』」『日本語／日本語教育研究』8、日本語／日本語教育研究会

劉志偉（2022）『学習経験者の視点から見た日本語教育文法—ニア・ネイティブレベルを目指すために—』日中言語文化出版社

劉志偉（2023）「学習過程における「モヤモヤ感」について」『日本語文法』23-1、日本語文法学会

第1章

学習メモにおける語彙学習実態の全体像
—砂川データとの比較を通して—

はじめに

　本書の目的は、上級以上の日本語学習者[1]がニア・ネイティブレベルを
目指すための語彙シラバスについて、学習者の視点から考えることにある。
具体的には、筆者自身の学習メモをもとに作成した語彙リスト（以下、劉
データ）と、日本語母語話者の教師による語彙難易度の判定が施されてい
る語彙リスト（以下、砂川データ）とを比較することにより、両者間にみ
られる相違を明らかにする。その上で、日本語母語話者の教師の視点のみ
では見落としがちな点を提示する。

1. 本章で用いる2つの語彙リストについて

　本章では、前述の通り、一日本語学習者である筆者による学習メモをも
とにした語彙リストと、日本語母語話者の教師による語彙難易度が施され
ている語彙リストとの2つを用いる。具体的な考察に先立ってこの節では
両者の概要について説明を行っておく。

1-1　劉データについて

　劉データは筆者が来日後手帳などに記し続けてきた学習メモをもとに作
成した語彙リストである。メモは、中国語母語話者（男性）である筆者が

1　目安は旧日本語能力試験1級または現行試験のN1レベル合格者。

大学院進学のために来日した 2003 年から就職後の 2014 年までの間[2]、日常生活で出会った日本語の表現を学習のために記したものである。

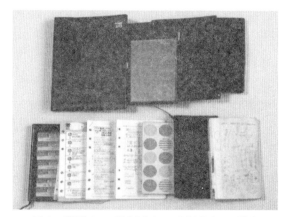

図 1　学習メモ（2003 年－ 2013 年の手帳）

図 2　実際のメモ

　なお、このメモは筆者が 20 代前半から現在に至るまで、大学、アルバイト先、職場などで知人から受けたインプットだけでなく、TV 番組や書

2　現在も進行中である。2013 年までは紙媒体の手帳に記入していたが、その後は携帯のメモ帳を用いている。各章で個々に断るが、各章のもととなる論文の執筆時期によって扱うデータの範囲が異なる場合がある。

籍類、広告や公共放送などあらゆる媒体を通して受けたインプットの中で、気になった表現[3]を幅広く収集したものである。これらの表現は大きく「文法」「問題意識[4]」「語彙」の3つに分けられる[5]。このうち、語彙の延べ語数は1442語で、表1の通り、年度によって語数にばらつきがあるものの、一学習者の語彙学習のプロセスを示す資料と言えるであろう。

表1　劉データと筆者の学習背景

年	文法	問題意識	語彙	バックグラウンド
2003	4	0	15	修士課程進学のため来日。手書きの図で日本のキャラクターを教えてもらったことが印象的であった。
2004	50	12	228	高い学習意欲を維持。中国国内の教科書では学習できなかった語彙や表現に強い関心。2005年は就職活動中のためか、やや数が少ない。
2005	12	12	91	
2006	17	0	406	
2007	2	3	0	博士後期課程に進学したものの、将来に対する不安や、研究と生活を両立することに苦悩。
2008	17	2	135	研究に専念することを決意し、再び研究活動に打ち込む。論文を書くために書き言葉に注目。
2009	0	14	20	学習の安定期に入る。気になる表現などをわずかに記録。また、上手く説明できないような項目を論文の課題として記していた。
2010	24	7	15	
2011	26	1	8	
2012	4	9	0	研究職に就職が決まったことから、将来の研究課題にしたい文法項目のみ収集。
2013	14	2	0	
2014	95	13	524	プロジェクトの関係で意図的にメモを取るようになる[6]。特に、過去の学習経験や中国母語話者（留学生）にとって学習が困難であると推測される語彙についても記す。
計	265	75	1442	

　表1に示したように、劉データにおける語彙の延べ語数は1442語に達していたが、同じ語彙が異なる年に複数回書かれている場合もあるため、重複した語彙を削除した結果、異なり語数は1380語であった。これらの

3　「気になった表現」とは何かについては終章にて詳述する。
4　「よろしかったでしょうか」（劉 2011）や「イ形容詞のエ段長音化」（劉 2017）など身の回りに存在する様々な言語現象のことである。
5　「文法」「問題意識」をもとにしたのが劉（2022b）である。
6　2014年は国立国語研究所の共同研究プロジェクトの関係で意図をもってメモを取っている面がある。ただし、従来と同様、その場で気になる表現（メディアなど）は勿論、さらに過去に理解できなかった語彙を思い出したものや、当時は難しかったであろうと思われる表現も取り入れている。

語彙に対し、筆者によるタグづけ作業を行った。詳細は表2の通りである。

表2　劉データの下位区分1と異なり語数

ブロック	内容	下位区分1	語数	小計
ブロック1	学習者が間違えやすいポイント	1-1 うろ覚え	23	132
		1-2 うろ覚えカタカナ	39	
		1-3 誤推測	70	
ブロック2	学習者が自力ではなかなか知り得ない学習ポイント	2-1 アクセント	84	209
		2-2 言語間のずれ	64	
		2-3 日本語内部の選択	38	
		2-4 気になる現象	23	
ブロック3	語彙の形態的特徴により学習が困難な語彙	3-1 学習困難―和語	64	397
		3-2 学習困難―漢字	83	
		3-3 学習困難―カタカナ語	172	
		3-4 書き言葉	78	
ブロック4	語彙の使用領域により学習が困難な語彙	4-1 生活領域	148	472
		4-2 社会領域	251	
		4-3 人文領域	38	
		4-4 自然領域	35	
ブロック5	その他（語彙そのものの学習ではない）	5-1 若者表記	11	170
		5-2 カタカナ表記	136	
		5-3 死語	6	
		5-4 不明	17	
		計	1380	

　筆者は劉データにあった語彙を5つのブロックに分け、さらにそれぞれに対して下位分類を行った。5つのブロックは、筆者が気になっていた個々の語彙に関する学習ポイントと、意味学習を中心とした語彙そのものとに二分できる。ブロック1とブロック2は前者であるのに対し、ブロック3とブロック4は後者に含まれる。表2を確認すると、ブロック3とブロック4が劉データにおいては最も高い割合を占めていることがわかる。

　一方、ブロック5は語彙そのものの学習ではない。たとえば、「5-2 カタカナ表記」については136語にも上るが、そのほとんどがカラオケで歌手名やバンド名を検索する際に、英語などの原語表記からカタカナ語表記にするために記したメモである（第7章）。なお、「5-3 死語」に関しては語

彙として捉える立場もあろうが、特に学習する必要がないことから、メモから判別不可の「5-4 不明」と合わせて便宜的にブロック 5 に区分したことを断っておく。

1-2　砂川データについて

　本章でいう砂川データの正式名称は、「日本語教育語彙表」（ver1.0）である。これは科学研究費補助金「基盤研究 (A) 汎用的日本語学習辞書開発データベース構築とその基盤形成のための研究（代表：砂川有里子、研究課題番号：23242026、2012 － 2016)」の助成を受け、公開された研究成果である。公開ホームページによれば、この語彙シラバスを構成する基礎語彙は『現代日本語書き言葉均衡コーパス』（BCCWJ）と非公開資料「日本語教科書コーパス」（初級から上級まで市販されている教科書 100 冊の電子データ版）の 2 つをもとにしているようである。砂川データの最大の特徴として、個々の語彙に対して「5 名の匿名日本語教師」による語彙難易度の判定が施されていることが挙げられる。劉データが学習者の視点を反映するのと対照的に、砂川データは日本語母語話者の判断基準を示すものであり、筆者にとっては格好の比較対象であると言えよう。もとの資料は 17920 語となっているが、中には「標準的な表記」として「アナウンサー」「一昔」の「読み」として「アナウンサー」「ヒトムカシ」が挙げられている一方、「アナウンサ」「イチムカシ」といった別の読みも併存している。極めて少数ながら、後者のような誤植と思われる見出し語 31 語を削除した結果、本章では 17889 語を砂川データの最終的な語数（異なり語数）とした。以下、日本語母語話者の教師の判定による難易度ごとの異なり語数を表 3 に示す。

表 3　砂川データの難易度と異なり語数

初級前半	初級後半	中級前半	中級後半	上級前半	上級後半	計
420	790	2297	6451	6373	1558	17889
1210		8748		7931		

1-3 劉データと砂川データとの重複語数について

　劉データの語彙と砂川データとの重複について表4にまとめた。その結果、劉データのうち、砂川データと重複する語彙が359語、重複しない語彙が1021語であった。つまり、重複しない語彙は全体の74.0％にも達している。筆者が学習メモを取りはじめた2003年が、旧日本語能力試験1級を取得してから約4年後であったことを踏まえると、ニア・ネイティブレベルを目指す過程において、上級学習者を対象とした語彙シラバスではカバーできない語にいかに多く遭遇するかがわかる。

表4　劉データと砂川データの各レベルにおける重複語数

ブロック	初級前半	初級後半	中級前半	中級後半	上級前半	上級後半	重複語数	非重複語数	計
1	2	0	7	14	17	1	41	91	132
2	8	16	29	31	18	7	109	100	209
3	1	1	9	40	49	12	112	285	397
4	0	2	7	41	36	10	96	376	472
5	0	1	0	0	0	0	1	169	170
計	11	20	52	126	120	30	359	1021	1380

　一方、表4を確認すると、劉データと重複するデータが、上級のみならず、初級・中級にも存在することがわかる。その重なりは劉データのブロック1とブロック2に多くみられる。これは劉データの場合、ニア・ネイティブレベルを目指す過程にいる筆者にとって気になる学習ポイントがあれば、個々の語彙の学習難易度が低いものであってもメモに記入する方式をとっていたことによると考えられる。たとえば、指示詞の「これ（2010：学習メモを取った年、以下同様）」について、砂川データでは初級前半の語彙と判定されており、難易度自体は低い語彙である。なぜこのような語彙が劉データに含まれているかについて、劉データの内容を遡ってみると、レストランで注文する際に筆者は「こっち、お願いします」と発言したが、その場で友人に「こっち」ではなく、「これ」を使用するよう指摘された

との経緯があった。筆者は話し言葉であれば「これ」を「こっち」に変換すべきだと誤解していたことから、劉データには「1-3 誤推測」というタグを付与している。同様に、砂川データでは初級後半の語彙とされる「イタリア（2006）」について、劉データでは「2-1 アクセント」というタグを付与している。これは、本来「低高高高」と発音すべきところを、筆者が中国語訳の「意大利」の声調の影響を受けて「高低低低」と発話していたことを指摘されたからである。

　このように、ある意味ではニア・ネイティブレベルを目指す際に、単なる語彙難易度だけではなく、学習者が間違えやすいポイントなどを明示した立体的な語彙指導が必要である。これらの対象となるブロック1とブロック2については第2章で取り上げる。本章では、ブロック3とブロック4を考察対象とし、その全体像を明らかにした上で、さらに第3章から第6章にかけて語種別に詳しく述べる。

　さて、ブロック3とブロック4における重複語数の分布をみると、砂川データの上級後半は当然のことながら劉データとの重複がみられるが、量的には上級後半よりも中級後半と上級前半のほうが重複語数が顕著に高い。この結果から日本語母語話者の教師の視点と学習者のそれとの間には以下の2つのずれがあると考えられる。

（1）日本語母語話者の教師が語彙の難易度を「中級後半」と判定したとしても、その語彙が上級学習者にとって学習上大いに問題がある場合がある。

（2）上級前半ぐらいまでは、日本語母語話者教師の主観と経験による推測で何とかなるが、上級後半になると推測では追い切れなくなる。

　この2つのずれがどのようなものなのかについては2節と3節で詳しく述べる。

1-4 砂川データにおける上級語彙について

　以下は劉データのブロック3とブロック4を軸に考察していくが、その比較対象および範囲については砂川データの上級前半・上級後半に限定する。その理由は以下の2点による。

　（ⅰ）上級学習との連続性をみること。本書は、上級以上で日本語母語
　　　　話者に極力近づこうとする学習者、即ちニア・ネイティブレベル
　　　　を目指す学習者のための語彙シラバスについて考えるためである。
　（ⅱ）上級語彙のリストの不足している点をあぶり出すこと[7]。劉デー
　　　　タと重複の多い中級後半を上級前半・上級後半と敢えて切り離し
　　　　て考察することでその問題点を明らかにするためである。

　以下、砂川データの上級前半と上級後半を一括して上級とし、劉データと同じ基準でブロックおよび下位区分のタグづけ作業を行った。その結果は表5の通りである[8]。ブロック1とブロック2を含めて、劉データと重複した語は同じタグで統一した。また、特に上級レベル以上の学習者にとって学習が難しくないと思われる語については、筆者の主観に基づき、「6カテゴリー外」（ブロック6）というタグを新たに設けた。

表5　砂川データの上級語彙の劉による下位分類

ブロック1	ブロック2	ブロック3	ブロック4	ブロック5	ブロック6	計
38	30	365	316	1	7181	7931

　砂川データの上級前半と上級後半を合わせると計7931語である（表3）。

7　砂川データは『現代日本語書き言葉均衡コーパス』（BCCWJ）をもとデータの1つとしており、上級と判定されている語彙には、筆者の言うニア・ネイティブレベルを目指すための語彙も含まれていることは言うまでもない。
8　ブロック5にある1語は、「標準的な表記」で「はな」と記されているものである。上級前半の語として「華がない」の「はな」ではないかと思われるが、一概に断じ得ないので、ここでは「5-4 不明」とし、ブロック5に区分した。

そのうち、ブロック6に属する語は7181語で、上級全体の90.5%に達していることから、砂川データの上級語彙のほとんどが（中国語を母語とする）上級レベルの学習者にとって学習困難な語彙ではないとも考えられる。一方、学習が困難な語彙の内訳を確認すると、劉データの傾向と軌を一にし、ブロック3とブロック4がほかのブロックに比べて量的に突出している。

2. ブロック3の語彙について

　劉データのブロック3は学習者が難しく感じる語彙である。具体的に「3-1 学習困難―和語」「3-2 学習困難―漢字」「3-3 学習困難―カタカナ語」「3-4 書き言葉」の4つのタグ（下位区分1）が含まれている。以下、砂川データのブロック3と合わせて表6に示す。参考に両データで重複した語数も示す。

表6　劉データと砂川データにおけるブロック3の比較

下位分類1	劉ブロック3	重複	砂川ブロック3
3-1 学習困難―和語	64	6	142
3-2 学習困難―漢字	83	13	87
3-3 学習困難―カタカナ語	172	37	127
3-4 書き言葉	78	5	9
計	397	61	365

　劉データのブロック3のみを確認すると、「3-3 学習困難―カタカナ語」が数的に最も多く、カタカナ語の学習が中国語を母語とする学習者にとって難しい可能性を示している。また、砂川データと比較すると、劉データの「3-4 書き言葉」と砂川データの「3-1 学習困難―和語」の数が突出していることに気づかされる。以下、これらの「下位区分1」の細分類（「下位区分2」）を参照しつつ、その理由について掘り下げていく。

2-1 オノマトペが難しい

表7に示すように、上級レベルに達しても知らない語彙（この場合は和語）に遭遇することは学習者である以上避けられない必然であろう。

表7 「3-1 学習困難―和語」の分布について

下位区分2	劉	重複	砂川
3-1-1 学習困難―和語産出難	28	4	60
3-1-2 学習困難―和語通時論的視点	11	0	12
3-1-3 学習困難―和語未習同然	25	2	70
計	64	6	142

ここでは特に「3-1-3 学習困難―和語未習同然」（教材や自然習得などで学習する機会のない和語）に注目したい。劉データの25語のうち、オノマトペは「サンザッパラ（2014）」の1語のみで、一見してオノマトペの学習が問題ないようにもみえる。正直筆者自身の直感もそうであった。しかし、砂川データを確認すると、「3-1-3 学習困難―和語未習同然」にある70語のうち、オノマトペが24語も含まれている。以下の通りである。

　　アクセク、アタフタ、イソイソ、ウツラウツラ、オズオズ、ゲンナリ、コンモリ、シゲシゲ、シトシト、ズケズケ、スゴスゴ、スヤスヤ、ズングリ、ツブサニ、デント、トボトボ、ヌクヌク、ノソノソ、パチクリ、ヒタヒタ、ポタリ、ホトホト、ヨタヨタ、ヨチヨチ

中国語の「擬音語」「擬態語」は日本語のオノマトペと大きく異なっており、中国語を母語とする学習者にとってオノマトペはやはり難しいと言わざるを得ない。

2-2 中国語母語話者は意外と「漢字語彙」が読めない

表8は漢字表記を伴う学習しにくい語彙である。詳しくは第3章と第4

章にて述べるが、「緒言」で記した通り本書ではこれらを「漢字語彙」と呼ぶ。中には漢字表記を伴う和語も含まれている。「3-1 学習困難—和語」は意味理解の可否が中心であったが、中国語を母語とする学習者の特性を考え、漢字を媒体として語彙を学習する一面もあるため敢えてこの区分を設けた次第である。

表 8　「3-2 学習困難—漢字」の分布について

下位区分 2	劉	重複	砂川
3-2-1 学習困難—漢字一字読み	16	3	15
3-2-2 学習困難—漢字意味推測不可	34	3	30
3-2-3 学習困難—漢字有効	24	4	19
3-2-4 学習困難—漢字固定訓	9	3	23
計	83	13	87

　表 8 をみると、「3-2-2 学習困難—漢字意味推測不可」のような漢字で書かれていても学習者がその意味を正確に推測できないものもあれば、その逆で仮名表記よりむしろ漢字表記で示したほうがわかりやすい「3-2-3 学習困難—漢字有効」もあることがわかる。また、中国語で概ねの意味を推測することができるのとは裏腹に、「漢字語彙」の学習の足枷となる場合もある。それは中国語母語の学習者が意外と「漢字語彙」を読めないという一面である。たとえば、「3-2-1 学習困難—漢字一字読み」の区分に関しては、劉データに「礎（イシズエ、2006）」「著す（アラワス、2014）」のようなメモがあった。また、砂川データの「3-2-4 学習困難—漢字固定訓」の数をみてもわかるように、習慣的な読みをもつ「漢字語彙」、つまり、学習者が従来もっている音読みや訓読みの知識では推測に役立たないような語彙が学習難点の 1 つである。ここでは、劉データにあった 9 語を掲げる。

　　居た堪れない（イタタマレナイ、2014）、一対（イッツイ、2008）、早
　　急（サッキュウ、2014）、助太刀をする（スケダチヲスル、2008）、重
　　複（チョウフク、2014）、手強い（テゴワイ、2014）、永遠（トワ、
　　2014）、一悶着（ヒトモンチャク、2008）、早生ミカン（ワセミカン、
　　2014）

2-3　日本語母語話者の教師が思っている以上にカタカナ語が難しい

　表9は劉データにある用言を中心としたカタカナ語の一覧（「3-3学習困難―カタカナ語」）であり、ブロック3においては最も数の多い「下位区分1」である。3節で後述するように、体言を中心とするブロック4においても語種別にカタカナ語が圧倒的に多いことを考え合わせると、やはり中国語母語話者にとってカタカナ語が語彙学習の最難関であると言えよう（詳しくは第6章にて取り上げる）。また、第2章と第7章でそれぞれ詳述するが、カタカナ語のアクセントや英語などの原語表記からカタカナ語への再現といった立体的な指導も必要である。

表9　「3-3学習困難―カタカナ語」の分布について

下位区分2	劉	重複	砂川
3-3-1 学習困難―カタカナ形容動詞	66	10	32
3-3-2 学習困難―カタカナ動詞	10	6	19
3-3-3 学習困難―カタカナ形容動詞以外抽象	96	21	76
計	172	37	127

　表9において劉データと砂川データとの重複語数が多いことが目立っている。特に「3-3-1学習困難―カタカナ形容動詞」と「3-3-3学習困難―カタカナ形容動詞以外抽象」（抽象概念）にみられる重複語数は、ブロック3とブロック4全体を見渡しても突出している。「3-3-1学習困難―カタカナ形容動詞」について以下の10語がある。

　　アンチ（2006）、アンティーク（2004）、エゴ（2006）、サブ（2008）、
　　ダイナミック（2004）、ネガティブ（2004）、ヒステリック（2014）、
　　ランダム（2006）、ローカル（2004）、ロマンチック（2014）

　そして、「3-3-3学習困難―カタカナ形容動詞以外抽象」に関しては以下のような21語が含まれている。

インテリ（2004）、エコー（2006）、キャッチフレーズ（2004）、（月の）
クレーター（2006）、コントラスト（2014）、ジンクス（2014）、ステー
タス（2014）、スランプ（2014）、ダイジェスト（2014）、パイオニア
（2014）、バロメーター（2006）、ファンタジー（2008）、ブーイング
（2004）、ブランク（2014）、ブレーン（2006）、ベクトル（2006）、ペ
ナルティー（2004）、ボキャブラリー（2008）、リアクション（2003）、
レッテル（2006）、レプリカ（2014）

「3-3-1 学習困難―カタカナ形容動詞」と「3-3-3 学習困難―カタカナ形容
動詞以外抽象」では上級のみならず、中級レベルにおいても多くの重複が
確認できる。ほかの下位区分においては確認されない現象である。具体的
には、以下の通りである。

3-3-1 学習困難―カタカナ形容動詞
中級後半：20 語
　　アクティブ（2006）、オリジナル（2014）、カジュアル（2014）、カラ
　　フル（2014）、キュート（2014）、グローバル（2004）、シビア（2014）、
　　シャイ（2014）スーパー（2014）、スピーディー（2014）、スマート（2014）
　　セクシー（2014）、タフ（2004）、ドライ（2006）、ナチュラル（2014）、ノー
　　マル（2006）、ハード（2014）、ビジュアル（2004）、フォーマル（2014）、
　　マニアック（2004）
中級前半：2 語
　　スリム（2014）、ヘルシー（2014）
3-3-3 学習困難―カタカナ形容動詞以外
中級後半：11 語
　　アクション（2006）、アマチュア（2004）、イニシャル（2006）、カウ
　　ンセリング（2004）、ジェスチャー（2014）、シチュエーション（2004）、
　　シルエット（2014）、スリル（2004）、タブー（2004）、トリプル（2004）、
　　バイリンガル（2004）
中級前半：1 語

ジュニア（2008）

　このように、日本語母語話者の教師が語彙の難易度を中級前半または中級後半と判定している語彙でも、上級以上の学習者にとって難しいと感じる場合が多くある。日本語母語話者の教師と学習者との間に存在する一種の看過できないずれである。

2-4　書き言葉の指導が必要である

　学習目的にもよるが、書き言葉関係の語彙指導が必要となる場合がある。筆者は来日後大学院に進学し、論文を執筆するために書き言葉に関心が高かった。「3-4-1 書き言葉―個別品詞」と「3-4-3 書き言葉―文型」が概ねそれにあたる。ただし、それだけではない。日頃、メールなどで用いられる改まった表現「3-4-2 書き言葉―手紙」も学習者の関心所在の１つである（劉2022）。表 10 における砂川データの数をみてわかるように、通常の語彙シラバスでは学習者の書き言葉学習の要望に答えるのは難しいと思われる。ただし、劉データにある書き言葉は、筆者が学術論文を読む際に書き方を真似るような文章が多く、やや特殊なためここでは具体例を省く。

表 10　「3-4 書き言葉」の分布

下位区分 2	劉	重複	砂川
3-4-1 書き言葉―個別品詞	19	3	3
3-4-2 書き言葉―手紙	19	1	2
3-4-3 書き言葉―文型	40	1	4
計	78	5	9

3.　ブロック４の語彙について

　山内（2013）では表 11 のように、言語活動が日本での生活に不可欠な「サバイバル」と、必ずしも不可欠とは言えない「ポストサバイバル」の２タ

イプに分けられている。そして、言語活動を支える話題の領域として「生活」「人文」「社会」「自然」の4つが挙げられている。さらに下位区分として16分野100話題が設けられている。

表11　言語活動のタイプと話題の領域（山内2013：5）

言語活動のタイプ	言語活動を支える話題の領域
サバイバル	生活
ポストサバイバル	人文、社会、自然

　山内（2013）で用いられている分野および話題は、教育現場用のシソーラスとしての性格を有し、体系性を重視する一面がある。劉データのブロック4の語彙に対し、筆者は言語活動のタイプについては不問とし、山内（2013）の領域のみを援用する。以下、その詳細は表12に示す。

表12　劉データと砂川データにおけるブロック4についての比較

下位分類1	外来語	漢語	混種語	定型句	和語	劉	重複	砂川
4-1 生活領域	122	2	9	0	15	148	9	73
4-2 社会領域	116	14	31	15	75	251	33	183
4-3 人文領域	29	1	6	0	2	38	1	12
4-4 自然領域	21	2	1	0	11	35	3	48
計	288	19	47	15	103	472	46	316

　表12を確認すると、「4-3人文領域」「4-4自然領域」に比べて「4-1生活領域」「4-2社会領域」のほうが量的にかなり多いように見受けられる。また、語種別にみると、外来語（カタカナ語）が最も多い。劉データにおいては288語あり、全体の472語の61.0％に達する。因みに砂川データの上級のブロック4については全体316語のうち、カタカナ語が272語で全体の86.0％も占めている。2節では用言を中心とした語彙においてカタカナ語の学習が難点であると述べたが、ブロック4における分布もカタカナ語が学習者にとって難しいことの証左となろう。
　ブロック4は体言を中心とした語彙がほとんどである。体言を中心とした語彙の一部については、その語彙の使用領域が非常に限定的な性格を

もつため、学習者がその語彙が使用される領域、もしくは話題に触れる環境にいなければ、学習が困難であると想定される語彙である。通常の語彙シラバスでは日本語母語話者の教師の指導指針と学習者の要望との間にずれがある。また、日本語母語話者の教師の指導指針のみでは、現実社会の言語活動において対応するのに必要な語彙が十分含まれているとは言えない。この節ではこれらの点を念頭に置きつつ、考察していく。

3-1 上位名詞だけでは不自由である

表13は生活領域関係語彙の分布一覧である。いわゆる衣食住のうち、食べ物関係と服装関係がその中心を占めているようである。「下位分類2」の順序は劉データにおける数の多寡に従った。以下、同様。

表13 「4-1生活領域」の分布について

下位分類2	劉	重複	砂川
4-1-17 暮らし・生活用品	23	1	4
4-1-8 お洒落・衣服類	20	3	17
4-1-5 飲食・洋菓子	16	1	4
4-1-6 飲食・料理名	14	1	9
4-1-11 お洒落・ブランド名	12	0	0
4-1-19 暮らし・ペット	11	1	2
4-1-7 お洒落・アイテム	10	0	6
4-1-16 暮らし・健康	8	1	7
4-1-3 飲食・食材	7	0	6
4-1-1 飲食・加工食品	5	0	2
4-1-18 暮らし・選択行動	5	0	8
4-1-15 買い物・商品名	4	1	0
4-1-13 お洒落・帽子	3	0	1
4-1-10 お洒落・靴	2	0	0
4-1-9 お洒落・柄	2	0	1
4-1-4 飲食・飲み物／調味料	2	0	5
4-1-14 買い物・商業施設	2	0	0
4-1-12 お洒落・ヘアスタイル	1	0	1
4-1-2 飲食・果物	1	0	0
計	148	9	73

　個々の内容については詳細にみていく価値はあるが、紙幅の都合上、以下の2点のみ取り上げる。

　1つは、固有名詞についてである。「4-1-15 買い物・商品名」と「4-1-14 買い物・商業施設」もそうであるが、ニア・ネイティブレベルを目指す意思のある学習者としてブランド品が身近に溢れる日本で友人との日々の会話を通じて、具体的なブランド名を語彙として学習する必要があると痛感させられたのである。次に示す。

4-1-11 お洒落・ブランド名

　アンダーアーマー（2014）、カルティエ（2006）、グッチ（2004）、コーチ（2004）、ジバンシー（2004）、シャネル（2004）、ディオール（2004）、ナイキ（2014）、ニコス（2004）、プラダ（2004）、ブルガリ（2004）、ラコステ（2014）

　もう1つは、上位名詞と下位名詞の関係についてである。たとえば筆者は、パンやケーキなどの上位名詞については日本語を学習しはじめた頃から教わってきたが、「緒言」でも触れたように、筆者がOPIテストで「超級」と認定されたあともしばらくの間「エクレア」を「チョコレートでコーティングしたパン」で表していた。このような実体験を踏まえ、ここでは、上級学習者に対して、上位名詞に留まらず、下位名詞の指導が重要であることを主張したい。特に、こうした下位名詞は、語数が非常に多く、自然に習得するのは非効率的であると考えられる。日本語母語話者の教師の手助けが効果的であろう。以下、この問題点を反映する、劉データにあった「4-1-5 飲食・洋菓子」「4-1-6 飲食・洋菓子」「4-1-19 暮らし・ペット」の語彙を挙げる。

4-1-5 飲食・洋菓子

　エクレア（2014）、カスタード（2014、重複）、クランチ（2014）、コーンスターチ（2014）、コーンフレーク（2014）、タルト（2014）、生チョコ（2014）、パウンドケーキ（2014）、フィナンシェ（2014）、ブラウニー

（2014）、マカロン（2014）、マシュマロ（2004）、マスタード（2004）、
マドレーヌ（2014）、ヨックモック（2014）、ラスク（2014）

4-1-6 飲食・洋菓子
アルデンテ（2014）、お新香（2014）、巾着（2014、重複）、グラタン
（2014）、グリル（2014）、ケバブ（2014）、ゴーヤチャンプル（2006）、
シュラスコ（2014）、スクランブルエッグ（2006）、タコライス（2014）、
だし巻（2014）、ドリア（2014）、ピラフ（2014）、リゾット（2014）

4-1-19 暮らし・ペット
アメリカンショートヘア（2014）、ゴールデンレトリーバー（2014）、
コリー（2006、重複）、柴犬（2014）、チャウチャウ（2014）、チワワ（2003）、
トイプードル（2014）、ブルドッグ（2006）、フレンチブルドッグ（2014）、
ミニチュアダックスフンド（2014）、ラブラドールレトリーバー（2014）

3-2 学習者の関心分野が幅広い

学習者により個人差があることは承知の上であるが、表14に示すように、学習者が関心をもつ分野は実に幅広いものである。すべてについて詳細に取り上げることはできないが、以下学習者からみたこれらの分野に対する私見を略述する。

関心の高い分野として、「4-2-11 若者言葉」「4-2-7 日常文化情報」「4-2-10 方言語彙」などは、現行の教育現場においても重要視されつつある。また、特に個人差が出る分野として「4-2-6 スポーツ」「4-2-3 音楽・歌手」「4-2-1 遊び」「4-2-2 映画・アニメ」などが挙げられよう。中でも表14からは知り得ないが、「4-2-6 スポーツ」については、砂川データにおける「6 カテゴリー外」（特に難しいとは思わない語彙、7181 語）を確認しておく必要がある。そのうち、スポーツ関係の語彙が137 語あり、そのほとんどが野球と相撲関係の語彙であった。日本で生活しているためか、これらの上級とされる語彙は劉データには1語もなかったのである。そして、「4-2-8 IT

関係」の語彙については時代性を考慮に入れなければならないであろう。このほか、一般的には教育現場で取り上げられることのない「4-2-9 品位に欠ける表現」を語彙シラバスの中でどのように位置づけるかについても議論すべきであると思われる。

表14　「4-2 社会領域」の分布について

下位分類2	劉	重複	砂川
4-2-11 若者言葉	77	11	10
4-2-7 日常文化情報	53	11	95
4-2-9 品位に欠ける表現	32	4	7
4-2-8IT 関係	19	3	10
4-2-6 スポーツ	19	4	28
4-2-3 音楽・歌手	16	0	13
4-2-5 キャラクター	13	0	0
4-2-10 方言語彙	9	0	1
4-2-1 遊び	7	0	4
4-2-2 映画・アニメ	4	0	1
4-2-4 楽器	2	0	14
計	251	33	183

　ここでは、「4-2-5 キャラクター」と「4-2-4 楽器」の語彙を示しておく。前者については次の3-3で述べる固有名詞も語彙であるという主張と同じである。そして後者については劉データには2語しかないが、筆者が砂川データを分析した際に、難解な点と認識させられた語彙群である。

　4-2-5 キャラクター
　　アトム（2003）、オズ（2004）、ゲゲゲノキタロウ（2006）、スヌーピー（2003）、テディベア（2014）、ドナルド（2014）、ドラエモン（2003）、ドラミチャン（2003）、ノダメ（2006）、ハローキティ（2003）、ピノキオ（2014）、ミッキー（2003）、メダマノオヤジ（2006）

4-2-4 楽器

ブルースハープ（2006）、リコーダ（2014）／以下砂川データ上級：アコー
ディオン、エレキ、エレクトーン、クラリネット、サックス、シンバル、
タンバリン、チェロ、トロンボーン、パーカッション、ビオラ、フルー
ト、ホルン、尺八

3-3　固有名詞も学習者にとっては立派な語彙である

　表15は人文領域関係の語彙である。中でも学習者にとって難しいとさ
れるこれらの語彙の特徴として固有名詞が多いことが挙げられよう。

表15 「4-3 人文領域」について

下位区分2	劉	重複	砂川
4-3-3 人物	10	0	0
4-3-2 作品	9	0	1
4-3-5 地理知識	8	0	4
4-3-1 貨幣	6	0	0
4-3-4 世界遺産知識	4	1	1
4-3-6 歴史知識	1	0	6
計	38	1	12

　表内の数値は一見してさほど高くないが、次に述べる3-4と同様、日本
で初等・中等教育を受けない学習者にとって、日本語母語話者が知ってい
てあたり前の固有名詞はニア・ネイティブレベルを目指すため突破しなけ
ればならない語彙群の1つである。ここでは、劉データにある上位の2区
分を取り上げる。

4-3-3 人物

オーギュスト・ロダン（2006）、ガリレオ（2014）、ゴッホ（2006）、
ダンテ（2006）、ヘーゲル（2006）、ベートーベン（2006）、ペガサス（2014、
人物相当と見なす）、ミケランジェロ（2006）、ルノアール（2014）、
レオナルド・ダ・ヴィンチ（2006）

4-3-2 作品

　考える人（2006）、地獄の門（2006）、神曲（ダンテ、2006）、ダヴィ
デ像（2006）、ひまわり（ゴッホ、2006）、小便小僧（ブリュッセル、
2004）、マーライオン（2014）、ムンクの叫び（2014）、モナ・リザ（2006）

3-4　基礎教育・教養語彙は学習者の弱点の１つである

　表16は基礎教育・教養中心の語彙である。数的には多いとは言えないが、
上級以上の学習者にとっての学習盲点の１つである。なぜならば、学習者
は日本の初等・中等教育を受けないのが一般的だからである。日本語母語
話者にとってだれでも知っているよう基礎教育・教養語彙でも、学習者は
母語での語彙がわかっていても日本語の言い方を知らないのである。

表 16 「4-4 自然領域」の分布について

下位区分 2	劉	重複	砂川
4-4-4 自然	11	0	2
4-4-5 植物	9	0	5
4-4-6 生物	9	2	8
4-4-1 サイエンス・化学物理	3	1	24
4-4-3 サイエンス・数学	2	0	7
4-4-2 サイエンス・記号	1	0	2
計	35	3	48

　ここでは、劉データの最多の「4-4-4 自然」と、劉データには少数なが
ら砂川データに割高の「4-4-1 サイエンス・化学物理」のみをここに示す。

4-4-4 自然

　エルニーニョ（2004）、ジャングル（2004）、ジュピター（2014）、スコー
ル（2006）、ストーム（2006）、積乱雲（2008）、入道雲（2008）、ネプチュー
ン（2014）、ビーナス（2014）、マーキュリー（2014）、マーズ（2006）

4-4-1 サイエンス・化学物理

インジケーター（2006）、ナフタリン（2004）、ミネラル（2006）／以
下砂川データ上級：アクリル、アンモニア、オゾン、カルキ、コイル、
コバルト、サーキット、シンナー、スパーク、ダイナマイト、チタン、
トランジスタ、ナトリウム、ピストン、ヒューズ、プラチナ、プルト
ニウム、プロパン、フロン、ヘリウム、ポリエステル、ミネラル（重
複）、メタル、リキッド

4. おわりに

　本章では、学習者の視点を示す劉データと、日本語母語話者の教師の視
点を反映すると思われる砂川データの2つの語彙リストを比較した。教師
側が定めた指導方針とのずれを明らかにすると同時に、学習者が求める語
彙の一端を示した。ただ、本章ではニア・ネイティブレベルを目指すため
の語彙を扱っており、個々の学習者の属性や学習目的によっては、これら
の語彙は必ずしも必須ではなく、オプショナルな語彙であるということを
申し添えておきたい。

　また、ニア・ネイティブレベルを目指すための語彙指導問題を解決する
ためには、インターネット教材の開発が急がれる。語彙の提示に関しては、
写真などをリンクさせることが望まれる。これは特にブロック4の学習に
役立つものと考えられる。JSL と JFL による日本語学習環境の差を埋め
ることができるだけでなく、日本語母語話者と同様にすぐイメージできる
利点があるからである。

　そして、意味を中心とした指導のほか、劉データのブロック1とブロッ
ク2のような語彙の学習ポイントを考慮に入れた立体的な語彙指導が求め
られる。次章で検討する。

　なお、砂川データの上級における「6カテゴリー外」を概観すると、「軍事」
「経済」「時事・制度」「法律」といったカテゴリー関係が多く、語種で言
えば漢語語彙がほとんどである。日本語母語話者の教師はこれらの語彙を
上級前半または上級後半と判定しているが、中国語を母語とする学習者に

とってはさほど難しく感じない印象を受ける。また、砂川データには「JIS
（上級前半）」「SL（上級後半）」のような「略語」が取り上げられている。
これは劉データにはないカテゴリーであるが、学習者にとって難しい語彙
の一種であると言える。

参考文献

山内博之編（2013）『実践日本語教育スタンダード』ひつじ書房

劉志偉（2011）「「よろしかったでしょうか」は誤用なのか」『歴史文化社会論講座紀要』8、
　　京都大学大学院人間・環境学研究科

劉志偉（2015）「シラバス作成を科学にする―日本語教育に役立つ多面的な語彙シラバ
　　スの作成―」公開シンポジウム予稿集

劉志偉（2017）「日本語文法の史的研究と日本語教育との接点―関西方言のウ音便と話
　　し言葉におけるイ形容詞のエ段長音を例に―」『武蔵野大学日本文学研究所紀要』4、
　　武蔵野大学日本文学研究所

劉志偉（2022）『学習経験者の視点から見た日本語教育文法―ニア・ネイティブレベル
　　を目指すために―』日中言語文化出版社

調査資料

日本語学習辞書支援グループ（2015）「日本語教育語彙表 ver1.0」
　　（http://jisho.jpn.org/、2015 年 2 月 25 日取得）
　　（http://jhlee.sakura.ne.jp/JEV/、2022 年 2 月 16 日最終確認）

第2章

立体的な語彙学習の必要性

はじめに

　語彙を学習するにあたって、意味の学習に重きを置く場合、意味中心の難易度が注目されがちである。しかし、語彙学習において意味中心の難易度だけでは不十分である。第1章で述べた通り、筆者による実際の学習メモ（劉データ）と日本語母語話者の教師による難易度判定が施されている語彙リスト（砂川データ）とを比較した場合、（上級以上で）ニア・ネイティブレベルを目指す学習者にとって、難易度が初級・中級と判定された語の学習に関しても多くの問題点が確認されるのである。

　本章では、劉データのうち、第1章で取り上げられなかった「学習者が間違えやすいポイント」と「学習者が自力ではなかなか知り得ない学習ポイント」を取り上げ、分析と考察を行った上で学習者自身による能動的な「立体的な語彙学習」を提唱することとしたい。

1.　本章で扱う資料の範囲
1-1　劉データ

　本章でも、劉データを用いる。第1章と同様、データの範囲は2003年～2014年までである。年度ごとにおける「文法」「問題意識」「語彙」の延べ語数を表1として再掲する。

表 1　劉データ（2003 年～ 2014 年）

	語彙	文法	問題意識	小計
2003	15	4	0	19
2004	228	50	12	290
2005	91	12	12	115
2006	406	17	0	423
2007	0	2	3	5
2008	135	17	2	154
2009	20	0	14	34
2010	15	24	7	46
2011	8	26	1	35
2012	0	4	9	13
2013	0	14	2	16
2014	524	95	13	632
小計	1442	265	75	1782

1-2　本章の考察対象の範囲

　語彙に含まれる 1442 語のうち、重複した語を削除した結果、異なり語数は 1380 語である。筆者によるタグづけ作業を行った表 2 も以下に再掲する。

　第 1 章で述べたように、表 2 のうち、ブロック 1 とブロック 2 は筆者が個々の語に対して気になる学習ポイントであるのに対し、ブロック 3 とブロック 4 は意味学習を中心とした語彙そのものである。そして、ブロック 5 は語彙の表記に関するものである。第 1 章ではブロック 3 とブロック 4 について考察を行ったが、本章ではブロック 1 と 2 に焦点を当てる[1]。

1　ブロック 5 は語彙学習そのものではないため、すべては取り上げない。詳しくは第 1 章 1-1 節を参照のこと。

表2　劉データの下位区分1と異なり語数（再掲）

ブロック	内容	下位区分1	語数	小計
ブロック1	学習者が間違えやすいポイント	1-1 うろ覚え	23	132
		1-2 うろ覚えカタカナ	39	
		1-3 誤推測	70	
ブロック2	学習者が自力ではなかなか知り得ない学習ポイント	2-1 アクセント	84	209
		2-2 言語間のずれ	64	
		2-3 日本語内部の選択	38	
		2-4 気になる現象	23	
ブロック3	語彙の形態的特徴（概ね語種別）により学習が困難な語彙	3-1 学習困難―和語	64	397
		3-2 学習困難―漢字	83	
		3-3 学習困難―カタカナ語	172	
		3-4 書き言葉	78	
ブロック4	語彙の使用領域（概ねカテゴリー別）により学習が困難な語彙	4-1 生活領域	148	472
		4-2 社会領域	251	
		4-3 人文領域	38	
		4-4 自然領域	35	
ブロック5	その他（語彙そのものの学習ではない）	5-1 若者表記	11	170
		5-2 カタカナ表記	136	
		5-3 死語	6	
		5-4 不明	17	
		計	1380	

1-3　比較対象の語彙リストとしての砂川データ

　本章も第1章と同様、日本語母語話者の教師側の指導方針と学習者側の学習要望とのずれを確認するために、「日本語教育語彙表」（ver1.0）を用いて比較する作業を行う。少数ながら、収録された17920語のうち、誤植と思われる見出し語31語を削除した結果、17889語を砂川データの最終的な語数（異なり語数）とした。以下、日本語母語話者の教師の判定による難易度ごとの異なり語数を示した表3も合わせて再掲する。

表3　砂川データの難易度と異なり語数（再掲）

初級前半	初級後半	中級前半	中級後半	上級前半	上級後半	計
420	790	2297	6451	6373	1558	17889
1210		8748		7931		

2. ブロック 1「学習者が間違えやすいポイント」

2-1 語種別にみたブロック 1 の語彙

　ブロック 1 は筆者が日頃の会話で間違えた表現をその場で日本語母語話者に指摘してもらい[2]、手帳に記した内容である。計 132 語を語種別（定型句も設ける）に分けつつ、さらに砂川データとの重複をレベル別にまとめたのが次の表 4 である。

表 4　語種別にみたブロック 1 と砂川データとの重複

語種／重複の有無	1. 初級前半	3. 中級前半	4. 中級後半	5. 上級前半	6. 上級後半	重複なし	総計
外来語		3	5	8		25	41
漢　語		1	4	3		29	37
和　語	2	2	3	4		20	31
混種語		1	2	2		5	10
定型句					1	12	13
総　計	2	7	14	17	1	91	132

　表 4 を確認すると、まず語種別では大差がないと言える。言い換えれば、中国語を母語とする日本語学習者が特に苦手とする外来語のみならず、漢語と和語にも学習者が間違えやすいポイントがある。そして、劉データと砂川データとでは重複しない語が多いことも一目瞭然であろう。これは両データの全体を比較しても同じ傾向である[3]。一方、重複した語については「中級後半」と「上級前半」に集中している。これは上級以上のレベルに達しても初級・中級と判定された語彙の学習に問題が残っていることを意味する。また、「上級後半」における重複語が少ないからといって学習者にとって問題がないわけではない。むしろ上級後半以上のレベルになればなるほど指導するための語彙の選定が難しくなることを物語っている。

2　外国語の学習は言葉や文化だけの問題ではない。その国の習慣なども理解した上でその場で言葉の間違いを指摘してもらえるような信頼関係を築くことは極めて重要であると筆者は考える（劉 2022）。

3　劉（2016）では「上級前半ぐらいまでは日本語母語話者教師の経験と主観による推測である程度賄えるが、上級後半となると推測だけでは学習が必要な語彙の範囲をカバーしきれなくなる。」と論じている。

2-2　タグ別にみたブロック1の語彙

　続いてタグ別について述べる。「学習者が間違えやすいポイント」として主に「誤推測（学習者自身が思っている法則にしたがって間違える場合）」と「うろ覚え（語として触れたことはあったが、曖昧にしか覚えていないことから日本語として正確に再現できない場合）」とに分けられる。ただし、カタカナ語が特に多かったことにより「1-2 うろ覚えカタカナ」を特別に設けることとした[4]。これに対し、「1-1 うろ覚え」は漢語、和語、定型句のみとなる。具体的には表5の通りである。

表5　タグ別語彙数（ブロック1）

下位区分	1-1 うろ覚え	1-2 うろ覚えカタカナ	1-3 誤推測	総計
読み			38	38
品詞違い			16	16
交替	4	9		13
使い方			10	10
長音	2	8		10
促音	2	5		7
濁音		7		7
中国語の影響	3	4		7
二外スペリング			6	6
リズム	3	2		5
慣用句	5			5
意味連想	3			3
誤連想		2		2
撥音	1	1		2
拗音		1		1
総計	23	39	70	132

　ここでは特に「1-3 誤推測」のうちの「読み」に注目したい。計38語は全体の70の半分を超えており、「欲する」「否応なく」「気高い」「目のあ

4　混種語の「大リーガー」とカタカナ表記可能なオノマトペ3語もここに含む。

たり」「片仮名」といった和語または混種語の5語を除いてすべて漢語である。漢字または漢語の学習が中国語を母語とする日本語学習者にとって有利とされる中、ここでは敢えて中国語母語話者は日本語の「漢字語彙」が読めないと主張しておきたい。詳しくは第3章と第4章に譲る。

以下、「外来語」「漢語」「和語」「混種語」「定型句」の順にタグ別に具体例を示しておく。見出し語の後ろの（　）内に〈実際のメモ表記〉・メモを取った年・砂川データと重複する場合はそのレベルを記す。

2-2-1　外来語（計41語）

・交替（7語）：拍同士において交替がみられる場合

アクティブ（〈アクチブ〉、2006、中級後半）、アクロバティック（〈アクロバチック〉、2006）、オーソドックス（〈オードソックス〉、2014、上級前半）、タピオカ（〈タカピオ〉、2008）、デジャヴ（〈デジャブ〉、2006）、バリエーション（〈バレエーション〉、2014、上級前半）、ボキャブラリー（〈ボキャラブリ〉、2014、上級前半）

・濁音（7語）：濁音であるべきところが清音になっている場合とその逆の場合

オブラート（〈オブラード〉、2014）、シュレッダー（〈シュレッタ〉、2014、中級後半）、家庭教師のトライ（〈ドライ〉、2014、中級前半）、脱法ドラッグ（〈ドラック〉、2014）、ヘッドフォン（〈ヘットフォン〉、2014）、ポルノサイト（〈ポルノサイド〉、2004）、マスタード（〈マスダード〉、2008、中級後半）

・長音（7語）：長音であるべきところが長音になっていない場合とその逆の場合

オーソドックス（〈オソドックス〉、2006、上級前半）、オールラウンド（〈オールランド〉、2014）、クオリティ[5]（〈クオリティー〉、2006）、ダウンパーカー（〈ダンパーカー〉、2006）、パクチー（〈パクチ〉、

5　日本語でも長音の有無についてゆれが認められる（小椋2013）。

2003)、ブレザー（〈ブレザ〉、2004、上級前半）、レパートリー（〈レパトリー〉、2014、上級前半）

・二外スペリング（6語）：中国国内で第二外国語として学習した英語の発音などによる影響が認められた場合

　　オブジェ[6]（object〈オブジェ〉、2014）、サムシング（something〈サンシング〉、2004）、ナチュラル（natural〈ナチュナル〉、2014、中級後半）、ブイ（V〈ウィ〉、2014）、フル（full〈フルー〉、2014、中級後半）、ランニング（running〈ラーニング〉、2009、中級前半）

・促音（5語）：促音であるべきところが促音になっていない場合とその逆の場合

　　アグレッシブ（〈アクレシブ〉、2014）、オーバーヒート（〈オーバヒット〉、2008、上級前半）、オズの魔法使い（〈オッズ〉、2004）、シャッフル（〈シャーフル〉、2014）、ホッチキス[7]（〈ホチキス〉、2014）

・中国語の影響（4語）：中国語の発音が産出した日本語の読みに影響を及ぼしている場合

　　アフガニスタン（阿富汗〈アフニスタン〉、2014、中級前半）、カザフスタン（哈萨克斯坦〈ハサフスタン〉、2014）、クロアチア（克罗地亚〈クロチア〉、2014）、モントリオール（蒙特利奥〈モントリオー〉、2014）

・リズム（2語）：筆者自身の思い込みによる拍数などのずれ

　　セレブリティー（〈セレブティー〉、2004）、プレミアム（〈プレミア〉、2014、上級前半）

・誤連想（1語）：違うものを連想して間違えてしまった場合

　　オリーブオイル（「oil」から〈オリボイル〉、2014）

・拗音（1語）：拗音に関わる間違い

　　トリュフ（〈トリフ〉、2014）

・撥音（1語）：撥音に関わる間違い

　　コンマ（〈コマ何秒〉、2014）

6　実際はフランス語 objet 由来とされる。
7　関西では「ホッチキス」、関東では「ホチキス」がそれぞれ多用される傾向がある。同じ外来語における促音の有無についてはほかにもみられる。たとえば、関西では（主に大阪）「プラスチック」を「プラッチック」、また「スポンジ」を「スッポンジ」と言う人が多い。

2-2-2 漢語（37 語）

・読み（33 語）：日本語としての読みが間違っている場合

イチゴンイック［一言一句］（〈イチゴイック〉、2014）、イユウ［畏友］（〈カイユウ〉、2014）、オウダン［黄疸］（〈コウタン〉、2014）、カレイオウハン［加齢黄斑］（〈カレイコウハン〉、2014）、カコウ［下降］（〈ゲコウ〉、2014、中級後半）、ガンライ［元来］（〈ゲンライ〉、2014、上級前半）、キトク［危篤］（〈キケン〉、2004）、クモン［公文］（〈コウモン〉、2014）、ゲシ［夏至］（〈カシ〉、2014、上級前半）、コウサク［交錯］（〈コウサ〉、2014、上級前半）、ゴンゴドウダン［言語道断］（〈ゲンゴドウダン〉、2014）、サンシン［三線］（〈サンセン〉、2006）、シハイ［賜杯］（〈イハイ〉、2006）、ジャンソウ［雀荘］（〈シャクソウ〉、2006）、ジユウホンポウ［自由奔放］（〈ジユウフンポウ〉、2014）、ジュオン［呪怨］（〈ジュノン〉、2014）、ジュンビバンタン［準備万端］（〈ジュンビマンタン〉、2014）、ジョウギ［常規］（〈テイキ、2006、中級後半〉、ショウブン［性分］（〈セイブン〉、2006）、シンガン［真贋］（〈シンイン〉、2006）、タイショスル［大書する］（〈オオガキスル〉、2014）、チクジ［逐次］（〈ツイジ〉、2006）、チャクソン［嫡孫］（〈テキソン〉、2004）、トウジ［冬至］（〈トウシ〉、2014、中級後半）、トンジンチ［貪瞋痴］（〈トンカンチ〉、2006）、ヒッジュヒン［必需品］（〈ヒジュヒン〉、2014、中級後半）、フセツ［敷設］（〈シセツ〉、2006）、ブンザイ［分際］（〈ブンサイ〉、2006）、ホンモウ［本望］（〈ホンボウ〉、2014）、ミョウリ［冥利］（〈メイリ〉、2014）、ムホン［謀反］（〈ムハン〉、2014）、ヨウジョウ［養生］（〈ヨウセイ〉、2014）、リンドウノハナ［竜胆の花］（〈リュウタンノハナ〉、2014）

・中国語の影響（2 語）：中国語の発音が産出した日本語の読みに影響を及ぼしている場合

ケイスウ［係数］（系数 XISHU〈シスウ〉、2014）、テイネイ［丁寧］（丁宁 DINGNING〈ていねん〉、2009、中級前半）

・意味連想（1 語）：関連する語などを連想して間違えてしまった場合

フセン［付箋］（「封」から〈フウセン〉、2014）

・使い方（1語）：いわゆる中間言語に基づいた間違い

　　ご返信（〈お返信〉、2014、返信：中級後半）

2-2-3　和語（31語）

・品詞違い（10語）：筆者の思い込みによる品詞に関わる間違い

　　うしろめたい［後ろめたい］（「動詞」と思い込んで〈うしろめた〉、2014、上級前半）、おかしな［可笑しな］（「イ形容詞」と思い込んで〈おかしいもの〉、2010、中級前半）、おなじく[8]［同じく］（「ナ形容詞」と思い込んで〈おなじな〉、2014、中級前半）、かたくな［頑な］（「な」をナ形容詞の「な」と思い込む、2014）、ことばすくな［言葉少な］（「な」をナ形容詞の「な」と思い込む、2014）、さっき（「先」と同じだと思い込んで〈さき言ったじゃん〉、2014）、なつかしの[9]［懐かしの］（「イ形容詞」と思い込んで〈懐かしい名曲〉、2010）、ふてくされる［ふて腐れる］（受身形と思い込む、2014）、まっすぐな（副詞と思い込む、2014、中級前半）、やるせない[10]（動詞と思い込んで〈やるせぬ思い〉、2014）

・交替（6語）：拍同士において交替がみられる場合

　　かえだま［替え玉］（漢字表記を考えず聴覚で〈かいだま〉、2014）、がむしゃら（〈がらむしゃ〉、2014）、すかさず［透かさず］（聴覚で〈つかさず〉、2014）、たわいない［他愛ない］（〈たあいない〉、2014）、ふわふわ（〈ふあふあ〉、2014、中級後半）、モヤモヤ（〈むやむや〉、2014）

・使い方（4語）：いわゆる中間言語に基づいた間違い

　　これ（話し言葉では「こっち」に置き換えられると思い込んで料理を注文するときに〈こっち、お願いします〉、2010、初級前半）、み

8　古典語ではシク型形容詞である（浅川・竹部 2014）。
9　形容詞の語幹の用法で古典日本語の名残の1つである。
10　「情けない」「つたない」のように「ない」の部分を「ありません」に置き換えられない一群の形容詞がある（森山 2012：137）。

すかす［見透かす］（「みすく」があると思い込んで〈みすかれる〉、2010）、みたない［満たない］（〈20 歳に満たさない〉、2008、満つ：上級後半）、モコモコ（「ふわふわ」のイメージで〈もこもこのスリッパ〉、2014）

・読み（2 語）：日本語としての読みが間違っている場合

かたかな[11]［片仮名］（「ひらがな」と同じように連濁をさせて〈かたがな〉、2014、初級前半）、まのあたり［目のあたり］（〈めのあたり〉、2014、上級前半）

・促音（2 語）：促音であるべきところが促音になっていない場合とその逆の場合

くすぐったい（〈くすぐたい〉、2014）、ふてくされる（〈ふってくされる〉、2014）

・リズム（2 語）：筆者自身の思い込みによる拍数などのずれ

たてかえばらい［立替払い］（〈たてばらい〉、2014）、はらごしらえ［腹拵え］（〈はらごしえ〉、2014）

・意味連想（1 語）：関連する語などを連想して間違えてしまった場合

あまやかす［甘やかす］（「甘える」から〈あまえかす〉、2006、中級後半）

・長音（1 語）：長音であるべきところが長音になっていない場合とその逆の場合

めじろおし［目白押し］（漢字表記を知らず聴覚で母音の連続を聞き取れず〈めじろし〉、2014）

・誤連想（1 語）：違うものを連想して間違えてしまった場合

ヨボヨボ（「涎」を連想して〈よれよれお爺さん〉、2014、上級前半）

・撥音（1 語）：撥音に関わる間違い

おねんね（〈おねね〉、2014）

・慣用句（1 語）：慣用句に関わる間違い

うわのそら［上の空］（〈うわぞら〉、2014、上級前半）

---

11 「仮名」は漢字表記の「真名（まな）」に対して「かりな」から「かんな」を経て「かな」となったとされている。

2-2-4　混種語（10 語）

・品詞違い（3 語）：筆者の思い込みによる品詞に関わる間違い

　　いじわる［意地悪］（「イ形容詞」と思い込んで〈意地悪い人〉、2014、中級後半）、いみしんな［意味深な］（「興味深い」の影響から〈意味深い〉、2014）、ほっする［欲する］（「欲しい」という語のインパクトからサ変動詞があることを知らなかった、2014、上級前半）

・使い方（3 語）：いわゆる中間言語に基づいた間違い

　　あいする［愛する］（一字サ変の未然形を間違えて〈愛しない〉、2008、中級前半）、おへんじ［お返事］（漢語であるゆえ「ご返事」は使っていたが、「お返事」もあることを知らなかった[12]、2014、返事：中級前半）、はきけ［吐き気］（「吐き気がする」から〈吐き気がしたい〉、2008、中級後半）

・読み（3 語）：日本語としての読みが間違っている場合

　　いやおうなく［否応なく］（〈ひおうなく〉、2006）、けだかい［気高い］（〈きだかい〉、2006）、ほっする［欲する］（〈ほする〉、2014、上級前半）

・長音（1 語）：長音であるべきところが長音になっていない場合とその逆の場合

　　ダイリーガー［大リーガー］（〈ダイリーガ〉、2004）

2-2-5　定型句（13 語）

・慣用句（4 語）：慣用句に関わる間違い

　　顔に泥を塗る（〈泥を塗る〉、2014）、ふんだりけったり［踏んだり蹴ったり］（〈ふだりけったりの目にあう〉、2008）、見るからに（〈見るから〉、2008）、山を張る（〈山を当てる〉、2010）

12　「かえりごと」という和語から作られた和製漢語である。
13　通時的に「参考する」が使われていた時期が存在する。

・品詞違い（3語）：筆者の思い込みによる品詞に関わる間違い

いつまでたっても［いつまで経っても］（到什么时候都〈いつたっても〉、2006、いつまで：初級後半）、さんこうにする[13]［参考にする］（サ変動詞と解して〈参考する〉、2014、参考：中級後半）、さんしょうする［参照する］（「参考」と一緒にメモ、2014、参照：中級後半）

・使い方（2語）：いわゆる中間言語に基づいた間違い

以下で述べるように（〈以下で述べる通り〉、2014）、そうになる（〈遅れになりそう〉、2008、そう：中級前半）

・長音（1語）：長音であるべきところが長音になっていない場合とその逆の場合

すっとこどっこい（〈すとこーどっこい〉、2006）

・リズム（1語）：筆者自身の思い込みによる拍数などのずれ

おいてけぼり［置いてけぼり］（〈おいけぼり〉、2014、上級後半）

・意味連想（1語）：関連する語などを連想して間違えてしまった場合

筋合いがない（「筋」が先行して〈君に言われる筋がない〉、2014）

・中国語の影響（1語）：中国語の発音が産出した日本語の読みに影響を及ぼしている場合

上から目線（〈上目線〉、2014）

3．ブロック2「学習者が自力ではなかなか知り得ない学習ポイント」
3-1　語種別にみたブロック2の語彙

　ブロック2の語彙は、独学や自然習得のみでは学習者自身がその間違いに気づくことが難しく、その学習ポイントを押さえるにはさらに日本語母語話者の教師側の助けを要する内容である。表6にブロック2の語彙を語種別に加え、砂川データの各レベルとの重複を合わせて提示する。

表 6　語種別にみたブロック２と砂川データとの重複

語　　種	1.初級前半	2.初級後半	3.中級前半	4.中級後半	5.上級前半	6.上級後半	重複なし	総計
和　　語	8	12	22	16	6	4	28	96
漢　　語		3	3	11	8	2	23	50
外来語		1	3	3	3		13	23
混種語			1		1		7	9
定型句				1		1	29	31
総計	8	16	29	31	18	7	100	209

　表6を確認すると、個々の語に関する特段に注意が必要なポイントをもつかどうかという点では外来語の数が和語と漢語に比べて少ない。特に漢語の場合「50」という数字は漢語学習において負の転移が少なくないとも解釈できる。ここでは、特に「和語」に注目したい。「中国人は漢字漢語の学習に有利」「中国人は外来語が苦手」といったイメージが先行する裏に実は中国語母語話者が和語を学習する際に大いに問題があることが見え隠れしているのである。また、重複した語を級別にみると、上級前半と後半よりも中級の前半と後半に集中していることがわかる。上級以上の学習者にとって「中級」判定の語彙が決して日本語母語話者の教師が思っているほど容易なものではないことがうかがえる。

3-2　タグ別にみたブロック２の語彙

　ブロック２についてもタグ別に確認しておこう。具体的には「アクセント」「言語間のずれ」「日本語内部の選択」「気になる現象」の４つの区分から構成され、さらにそれぞれ下位区分が行われている。詳細は表7にまとめた。

　表7における大きな区分を確認すると、まず「アクセント」に関する箇所の数が最も多いことがわかる。教室内でのアクセントの指導が難しく、特に上級以上ともなれば自然習得に頼るしかないのが現状である。アクセント教育の必要性と重要性が叫ばれる目下、現場指導においてより本格的

なアクセント指導に取り組むことを学習者として切望する。そして、「類
義語（の区別）」「自他（の区別）」といった従来の指導において注目され
てきた項目がやはりかなりの数を占めている。このほか、「慣用句」や、
特殊拍のうち「促音の有無」に対する関心が高かったことも興味深い。

表7　タグ別語彙数（ブロック2）

下位区分	2-1 アクセント	2-2 言語間の ずれ	2-3 日本語内部 の選択	2-4 気になる 現象	総計
慣用句		34			34
類義語			26		26
声調の影響	22				22
和語	17				18
区別できない	17				17
カタカナ	13				13
自他			12		12
訳語のずれ		11			11
促音化の有無				7	7
一語意識	6				6
オノマトペ		4			4
関西の影響	4				4
語彙イメージのずれ		4			4
二外の影響	4				4
促音の発音				4	4
個別使用上のずれ		3			3
字順のずれ		3			3
清濁の選択				3	3
同形		3			3
イ落ち現象				2	2
サ・ミの選択				2	2
ナの有無				2	2
品詞のずれ		2			2
連濁				2	2
ヲの挿入可否				1	1
短縮形				1	1
総計	83	64	38	24	209

以下、「外来語」「漢語」「和語」「混種語」「定型句」の順にタグ別に具体例を示しておく。

3-2-1　外来語（23語）

・カタカナ語のアクセント（13語）：アクセントの間違いがみられた語
　　アイフォーン［高低低低低］（〈低高高低低〉、2014）、イニシアル［高低低低低］（イニシャル〈低高高高高〉、2006）、クレーター［低高高高高］（〈高低低低低〉、2006、上級前半）、シラバス［高低低低］（〈低高高高〉、2014）、ハード［高低低］（〈低高高〉、2014、中級後半）、フリーズ［低高高高］（〈高低低低〉、2008）、ベクトル［低高高高］（〈高低低低〉、2014、上級前半）、ヘンゲル［高低低低］（〈低高高高〉、2014）、ミサンガ［低高低低］（〈低高高高〉、2008）、ミネラル［高低低低］（〈低高高高〉、2006、上級前半）、メンチ（を切る）［低高高］（〈高低低〉、2014）、ユニクロ［低高高高］（〈高低低低〉、2006）、レスポンス［低高高高高］（〈高低低低低〉、2014）
・二外の影響（4語）：中国国内で第二外国語として学習した英語の発音が日本語のアクセントに影響を及ぼした語
　　アイランド［高低低低低］（ISLAND〈低高高高高〉、2006）、イタリア［低高高高］（ITALY〈高低低低〉、2006、初級後半）、データ［高低低］（data〈低高高〉、2014、中級後半）、ノーマル［高低低低］（normal〈低高高高〉、2014、中級後半）
・区別できない（2語）：アクセントの差によって生じた意味の差を理解できていなかった語
　　ネット［高低低］（「網」の意、2014、中級前半）、ネット［低高高］（「インターネット」の意、2014、中級前半）
・類義語（2語）：外来語を含む類義語に関わるもの
　　カンニング（類義語「不正行為」、2014、中級前半）、油ギッシュ（類義語「油っぽい」「脂っこい」、2014）
・声調の影響【中国語の声調の影響】（1語）：中国語の声調が日本語のア

51

クセントに影響を及ぼした語

　　モナ・リザ［低高高高］（蒙娜丽沙〈高低低低〉、2006）

・訳語のずれ（1語）：中国語の影響を受けて訳として外来語が産出されない語

　　スロースタート（慢热｛直訳：熱くなるのがゆっくりである｝、2014）

3-2-2　漢語（50語）

・慣用句（15語）：言語間のずれが認められる四字熟語などの慣用表現

　　威風堂々（2006）、栄枯盛衰（2006）、七難八苦（2006）、盛者必衰（2008）、
　　諸行無常（2008）、初志貫徹（2006）、全身全霊（2006）、創意工夫（2006）、
　　大言壮語（2006）、徒手空拳（2006）、風林火山（2006）、平身低頭（2006）、
　　面目躍如（2006）、用意周到（2014、上級前半）、臨機応変（2014、上
　　級前半）

・声調の影響（9語）：中国語の声調が日本語のアクセントに影響を及ぼした語

　　各国（の）［低高高高］（〈高低低低〉、2005、中級前半）、機嫌［低高高］
　　（〈高低低〉、2006、中級前半）、空虚［高低低］（〈低高高〉、2004、上
　　級前半）、視点［低高高］（〈高低低〉、2014、中級前半）、商人［高低
　　低低］（〈低高高高〉、2014、中級後半）、踏襲［低高高高］（〈高低低低〉、
　　2014、上級後半）、当番［高低低低］（〈低高高高〉、2014、中級後半）、
　　本音［低高高］（〈高低低〉、2005、中級後半）、綿棒［高低低低］（〈低
　　高高高〉、上級前半、2014）

・区別できない（6語）：アクセントの差によって生じた意味の差を理解できていなかった語

　　いっぱい［低高高高］（感謝の気持ちでいっぱい、2014、初級後半）、いっ
　　ぱい［高低低低］（一杯、2014、初級後半）、せんにん［低高高低］（仙人、
　　2014、中級後半）、せんにん［高低低低］（千人、2014）、ちゅうこ［高
　　低低］（時代別の「中古」、2014、中級後半）、ちゅうこ［低高高］（中
　　古品の「中古」、2014）

・類義語（4語）：日本語における漢語同士の類義語に関わるもの

　　裁判（類義語「審判」、2014、上級前半）、審判（類義語「裁判」、中
　　級後半）、賠償（類義語「弁償」、2004、上級前半）、弁償（類義語「賠
　　償」、2004、上級前半）

・一語意識（3語）：複合語全体を一語として意識し、そのアクセントをう
　まく産出できなかった語

　　海外旅行（2005）、国際交流（2005）、自意識過剰（2005）

・ナの有無（2語）：「的」に後続ナがあるかどうか

　　医学的所見（「的」の後ろにナがない、2014）、歴史的変化（「的」の
　　後ろにナがない、2014）

・語彙イメージのずれ（2語）：筆者のいわゆる中間言語として抱いた語の
　意味などが実際の語の意味とイメージが大きく異なる場合

　　せいぜい［精々（頑張って下さい）］（マイナスのイメージしかないか
　　と思い込んでいた、2014、上級前半）、ちょうほんにん［張本人］（マ
　　イナスのイメージしかないかと思い込んでいた、2014）

・字順のずれ（2語）：日中両言語間において字順が異なる語

　　足労（「労足」から〈ご労足〉、2014）、帯同（「同帯」から〈同帯〉、
　　2014）

・同形（2語）：個々の漢字情報を利用できても、中国語の意味を利用する
　ことができない語

　　欠如（2006、上級後半）、四半世紀（2014）

・訳語のずれ（1語）：中国語の影響を受けて訳がうまく産出されなかった語

　　自意識過剰（自恋｛直訳：自分に恋する｝などの訳から産出が難しい、
　　2005）

・ヲの挿入の可否（1語）：サ変動詞の語幹とスルの間にヲを挿入できるか
　どうか

　　影響する（〈影響をする〉、2014、中級後半）

・関西方言の影響（1語）：筆者の留学先であった近畿地方のアクセントの
　影響が認められる語

　　服［低高］（〈高低〉、2014、初級後半）

・促音の発音 [14] （2語）：筆者が促音を発音したつもりがなくても、破裂音が連続する場合、促音の発音が聞こえると指摘された語

　　どくとく［独特］（〈どく（っ）とく〉、2005、中級後半）、もくてき［目的］（〈もく（っ）てき〉、2004、中級後半）

3-2-3　和語（96語）

・和語のアクセント（17語）：アクセントの間違いがみられた語

　　いつ（までも）［高低低低低］（〈低高高高高〉、2005、初級前半）、いぼ［疣　高低］（〈低高〉、2003、上級後半）、くすだま［低高高高］（〈低高高低〉、2006）、こう（いった）［こう言った　低高高高高］（〈高低低低低〉、2005、初級後半）、こなごな［粉々　高高高高］（〈高低高低〉、2014、中級後半）、こぶ［瘤　低高］（〈高低〉、2014、上級前半）、ささくれ［低高高高］（〈低高低低〉、2006）、そう（いった）［そう言った　低高高高高］（〈高低低低低〉、2005、中級前半）、それなりに［低高高高高］（〈低高高低低〉、2005）、（いった）だけ［言っただけ　低高高高高］（〈低高高低低〉、2005）、ただ［高低］（〈低高〉、2005、中級前半）、つかれる［疲れる　低高高低］（〈高低低〉、2014、初級後半）、どう（でもいい）［低高高高高低］（〈低高高低高低〉、2005、初級後半）、どれ（も）［高低低］（〈低高高〉、2005、初級前半）、どんな（ときでも）［どんな時でも　高低低高低低低］（〈低高高低高低低〉、2005、初級前半）、のむ［飲む　高低］（〈低高〉、2014、初級前半）、みたいに［高低低低］（〈低高高高〉、2005）

・類義語（16語）：類義語に関わるもの

　　言い換えると（類似語「要するに」、2009）、口止め（類義語「口封じ」、2014、上級前半）、さて（類義語「ところで」、2009、中級後半）、すなわち（類義語「つまり」、2009、中級後半）、食べ残し（類義語「食

---

[14] 破裂音カ行とタ行を連続して発音すると、学習者が促音を入れているつもりでなくても、日本語母語話者（大谷大学大秦一浩先生）からすれば、両者の間に促音らしき音が聞こえるとの指摘を受けたことがある。たとえば、「て（っ）ください」もその1例である。

べ残り」、2014）、食べ残り（類義語「食べ残し」、2014）、つい（類似語「遂に」、2014、中級後半）、遂に（類似語「つい」、2014、中級後半）、油っこい（類義語「油ギッシュ」「油っぽい」、2014）、油っぽい（類義語「油ギッシュ」「油っこい」、2014）、つまり（類義語「すなわち」、2009、上級前半）、ところで（類義語「さて」、2009、中級前半）、とる［類似語「取る」「捕る」「採る」、2005、上級前半］、眠い（類義語「ねむたい」、2005、初級後半）、眠たい（類義語「ねむい」、2005、上級後半）、不正行為（類義語「カンニング」、2014）

・自他（11語）：自動詞と他動詞の区別に関わる語

　　預かる（2008、中級前半）、預ける（2008、中級前半）、移す（「別の部屋に移せ」、2004、中級前半）、移る（「部屋を移れ」、2004、中級後半）、替える（「部屋を替えろ」、2004、中級前半）、替わる（「部屋を替われ」、2004、初級後半）、示す（「占める」と有対ペアで誤認識、2008、中級後半）、占める（「示す」と有対ペアで誤認識、2008、上級前半）、つられる（〈つれられる〉、2008）、連れる（2008、中級後半）、盛り上げる（2004、中級後半）

・声調の影響（10語）：和語に含まれる漢字の中国語の声調が日本語のアクセントに影響を及ぼした語

　　けす［消す　低高］（灭〈高低〉、2006、初級後半）、こえる［越える　低高高］（越〈低低低〉、2005、中級後半）、さが［性　高低[15]］（性〈高低〉、2006）、すいた［空いた　低高高］（饿〈低低低〉、2008、初級後半）、でかける［出かける　低高高高］（出〈低高高低〉、2008、初級後半）、とけた［溶けた　高低低］（溶〈低高高〉、2014、中級後半）、なれてきた［慣れてきた　高低低低低］（慣〈低高高低低〉、2005）、なれる［慣れる　低高低］（慣〈高低低〉、2005、中級前半）、はだ［肌　高低］（皮膚〈低高〉、2014、中級前半）、やせた［痩せた　低高高］（痩〈高低低〉、2014、中級前半）

・区別できない（9語）：アクセントの差によって生じた意味の差を理解

15　ここでは関西出身の友人に「低高」と教わったため、メモを取った。金田一監修（2015）では「高低」と表記されている。

できていなかった語

　　かった［買った　低高高］（2005、初級前半）、かえる［変える　低高
　　高］（2014、4 中級前半）、かえる［帰る　高低低］（2014、中級前半）、
　　かつ［勝つ　高低］（2005、中級前半）、かった［勝った　高低低］（2014、
　　中級前半）、なれた［慣れた　高低低］（2014）、なれる［慣れる　低
　　高低］（2014、中級前半）、はれる［腫れる　低高高］（2014、中級後半）、
　　はれる［晴れる　低高低］（2014、初級後半）

・促音化の有無（7 語）：促音便とウ音便の特殊例を中心としたメモ

　　いく［行く］（「行って」、2011、初級前半）、いとう［厭う］（「厭うて」、
　　2011、上級後半）、おう［負う］（「負うて」、2011、中級前半）、こう［乞う］
　　（「乞うた」、2011、中級前半）、そう［沿う］（「沿って」、2011、中級前半）、
　　とう［問う］（「問うて」、2008、中級後半）、のたまう［宣う］（「のた
　　まうて」、2011）

・オノマトペ（4 語）：筆者が日本語母語話者と同様に産出できない動物
　の鳴き声などのオノマトペ

　　ぎゃふん（ぎゃふんと言わせる、2008）、コロコロリン（蟋蟀の鳴き声、
　　2008）、ジージー（油蝉の鳴き声、2008）、リーンリーン（鈴虫の鳴き声、
　　2008）

・慣用句（3 語）：和語の慣用表現[16]

　　有耶無耶（2006）、手前味噌（2014）、三つ巴（2006）

・清濁の選択（3 語）：清音か濁音かがうまく区別できない語

　　なんきれ［何切れ］（〈なんぎれ〉、2008、中級後半）、おなじぐらい[17]
　　［同じぐらい］（同じくらい、2010、初級前半）、〜どおり[18]（〜とおり、
　　2014、中級前半）

・一語意識（2 語）：中国語と日本語における一語の認識のずれによって
　アクセントを正しく産出できなかった語

　　しろくろ［白黒[19]　低高高高］（中国語では「白」「黒」がそれぞれ 1

16　慣用表現の範囲と基準については第 5 章を参照されたい。
17　日本語母語話者でもゆれがあるが、学習者が難しく感じる箇所の 1 つである。
18　清濁は前接語によるが、学習者が難しく感じる箇所の 1 つである。
19　「白黒をはっきりさせる」の場合を除く。

　　語と認識されることから〈高低高低〉、2014、中級後半）、ひとつひと
　　つ［一つ一つ、低高高高高］（〈低高低低高低〉、2005、中級前半）
・訳語のずれ（2 語）：中国語の影響を受けて訳がうまく産出されなかっ
　　た語
　　おやつ（「零食」、2014、中級前半）、やじ（「嘘声」、2004、上級後半）
・関西の影響（2 語）：筆者の留学先であった近畿地方のアクセントの影響
　　が認められる語
　　くつ［靴　低高］（〈高低〉、2014、初級前半）、なにさん（ですか）［何
　　さん　高低低低］（〈低高高高、2014〉
・促音の発音（2 語）：筆者が促音を発音したつもりがなくても、破裂音が
　　連続する場合、促音の発音が聞こえると指摘された語
　　かいといてください［かいといてください］（〈かいといて（っ）くだ
　　さい〉、2004）、きくち［菊地］（〈き（っ）くち〉、2004）
・サ・ミの選択（2 語）：接尾辞の「～さ」と「～み」が下接可能かどうか
　　～み（「＊おかしみ」「くさみ」「＊やさしみ」、2014、初級後半）、～さ（「お
　　かしさ」「くささ」「やさしさ」、2014、中級前半）
・連濁（2 語）：連濁が起こるかどうか
　　かけひき［駆け引き］（連濁にならない、2014、上級前半）、かわぐつ［革
　　靴］（〈かわくつ〉、2014、中級後半）
・字順のずれ（1 語）：日中両言語間において字順が異なる語
　　貸し借り（「借貸」、2014、中級後半）
・同形（1 語）：従来の日中同形語研究ではあまり対象とされてこなかった
　　送り仮名つき周辺的日中同形語
　　開け放す（「開放」、2014）
・個別使用上のずれ（1 語）：中国語の影響を受けて使い方を間違えた語
　　くさる［くさる］（〈濡れたまま置いておくとタオルが腐っちゃう〉、
　　2006、中級前半）
・短縮形（1 語）：縮約形の 1 つとして覚えた語
　　つき合わされる（「つき合わせられる」の短縮形、2004）

3-2-4　混種語（9 語）

・類義語（2 語）：類義語に関わるもの

　　口封じ（類義語「口止め」、2014）、要するに（類似語「言い換えると」、
　　2009、上級前半）

・声調の影響（2 語）：中国語の声調が日本語のアクセントに影響を及ぼし
　た語

　　なんじ［何時　高低低］（几点〈低高高〉、2005）、はなぢ［鼻血　低高高］
　　（鼻血〈高低低〉、2005、中級前半）

・品詞のずれ（2 語）：品詞のずれなどの影響を受けて日本語らしい日本語
　に訳せなかった語

　　（携帯が）サイレントになっているかどうか（「静音」、2014）、マイナ
　　ス思考（「往坏处想」｜直訳：悪いほうに考える｜、2003）

・慣用句（1 語）：慣用表現に関わるもの

　　おかめはちもく［傍目八目］（2006）

・一語意識（1 語）：中国語と日本語における一語の認識のずれによってア
　クセントを正しく産出できなかった語

　　ふたつへんじ［二つ返事　低高高高低低］（「二つ」と「返事」をそれ
　　ぞれ 1 語と認識して〈低高低高低低〉、2006）

・訳語のずれ（1 語）：中国語の影響を受けて訳がうまく産出されなかった
　語

　　番狂わせ（「爆冷」、2014）

3-2-5　定型句（31 語）

・慣用句（15 語）：慣用表現に関わるもの

　　足止めを食らっている（2014）、いの一番（2006）、お縄を頂戴する
　　（2014）、金のわらじ（2006）、牙をむく（2006）、へそもへちまもない
　　（2008）、関の山（2006）、猫かわいがり（2014）、鼻がきく（2014）、
　　火の車（2014、上級後半）、袋だたきに遭う（2014）、マチがない（「奥

行きがない」の意、2014)、持って回った（2014）、諸刃の剣（2014）、病膏肓にいる（2014）

・訳語のずれ（6語）：中国語の影響を受けて訳がうまく産出されなかった語

触らぬ神に祟りなし（「避嫌」、2014）、出だしがよくない（「慢热」、2014）、入りが遅い（「慢热」、2014）、波乱に見舞われる（「爆冷」、2014）、負のスパイラル（「恶性循环」、2014）、マナーモードにする（「消音」、2014）

・類義語（2語）：類義語に関わるもの

当を得る（類義語「的を射る」、2014）、的を射る（類義語「当を得る」、2014）

・個別使用上のずれ（2語）：中国語の影響を受けて使い方を間違えた語

気をつける（「今後気をつけます」と言うべきところを中国語の影響で〈今後注意します〉、2014）、臭くなる（「タオルが臭くなっちゃう」というべきところを中国語の影響で〈タオルが腐っちゃう〉、2006）

・語彙イメージのずれ（2語）：筆者のいわゆる中間言語として捉えた語の意味などが実際の語の意味とイメージが大きく異なる場合

ご自愛下さい（この表現は目上に使えないというイメージをもっていた、2014）、リスクを高める（「高める」は「リスク」と共起しないというイメージをもっていた、2014）

・イ落ち現象[20]（2語）：話し言葉においてイが脱落する現象

伸びてる（2006）、お前は引っ込んでろ（2006）

・自他（1語）：可能動詞と共起するガとヲの交替

バランスがとれている（2004）

・関西方言の影響（1語）：筆者の留学先であった近畿地方のアクセントの影響が認められる語

なんでだろう［高低低低低低］（「なんで」の京阪式アクセントの影響で〈低高高高低低〉

20　一般的には「寒い！」に対して「さむ！」のような現象を指すが、筆者はより広義的にイ落ち現象を捉えている。

4. おわりに

　本章は劉データのうち、語彙学習の過程において中国語を母語とする学習者が間違えやすいポイントと、学習者が独学または自然習得による学習では実際の用法をマスターするには限界があって特に日本語母語話者の教師側に教えてほしいポイントの2点を提示した。アクセントを含む複雑な語彙学習ポイントは語彙リストまたはシラバスに反映することが難しいことから、本章は語彙指導という視点ではなく、学習者に能動的に「立体的な語彙学習」を促すものと位置づけている 。

　ここまでの第1章と第2章では、具体例の提示とともに、劉データの全体像を概観にした。以下、語種別にこれらのデータを詳しく検討する。具体的には、第3章では漢語、第4章では和語、そして、第5章では漢語と和語両方の慣用表現、第6章では外来語を中心とするカタカナ語をそれぞれ取り上げる。

参考文献

浅川哲也・竹部歩美 (2014)『歴史的変化から理解する現代日本語文法』おうふう

奥野由紀子 (2014)「日本語学習者のことば―母語と目標言語との間―」『日本語学』
　　33-1、明治書院

小椋秀樹 (2013)「大規模コーパスを活用した外来語表記のゆれの調査」『立命館文學』
　　630、立命館大学

森山卓郎 (2012)『日本語・国語の話題ネタ―実は知りたかった日本語のあれこれ―』
　　ひつじ書房

山内博之編 (2013)『実践日本語教育スタンダード』ひつじ書房

劉志偉 (2015)「原語表記からカタカナ語への再現―中国語話者の場合―」『人文学報』
　　512-7、首都大学東京人文科学研究科

劉志偉 (2016)「第 5 章　学習者から見た語彙シラバス」森篤嗣編『ニーズを踏まえた
　　語彙シラバス』(現場に役立つ日本語教育研究シリーズ　第 2 巻)、くろしお出版

劉志偉 (2022)『学習経験者の視点から見た日本語教育文法―ニア・ネイティブレベル
　　を目指すために―』日中言語文化出版社

調査資料

日本語学習辞書支援グループ (2015)「日本語教育語彙表 ver1.0」
　　(http://jisho.jpn.org/、2015 年 2 月 25 日取得)
　　(http://jhlee.sakura.ne.jp/JEV/、2022 年 2 月 16 日最終確認)

第3章

漢語の学習

はじめに

　本書では語種としての漢語とは別に「漢字語彙」という表現も用いる。「漢字語彙」とは、漢字を含む語のことであり、小森ほか（2014）や松下ほか（2021）などで用いられている「漢字語」に相通ずるものである。日中同形語は勿論のこと、中国語になくて日本語にしかないものも含まれる。

　漢字・漢語に関しては「形」（「声」[1]）「義」に加え、「使い方」などの要素が挙げられ、日本語学習においてはそれぞれ「書けるかどうか」「わかるかどうか」「使えるかどうか」に言い換えることができる。従来の研究では、「わかるかどうか」「使えるかどうか」に焦点を当てたものが多いが、本章では日本語の読みとして正しく「読めるかどうか」に着目したい。具体的には、劉データを手がかりに、（上級以上で）ニア・ネイティブレベルを目指す際にどのような「漢字語彙」が必要なのか、どこが（「読めない」）難点なのかについて考える。

　なお、「読めるかどうか」は当然のことながら「漢字語彙」の音読みのほか、訓読みも含まれる。本章は、音読みの語のみを取り上げる。次章では訓読みのものを中心に取り上げる。さらに広義的に「読めるかどうか」を捉える場合、英語などの原語表記からカタカナ風に産出すること（第7章）や、アクセント（第8章）なども視野に入れる必要があろう。

1　厳密に言えば、中国語の発音を指す。

1.　劉データの概要

　繰り返しになるが、劉データは、筆者が来日後から現在に至るまであらゆるインプットにおいて気になった日本語表現を記し続けてきた学習メモのことである。第 1 章と第 2 章は 2003 年から 2014 年までを扱ったが、執筆時期の関係上、本章はそれ以降、即ち 2020 年までのデータも考察対象に入れた。表 1 のように、大きく「語彙」「文法」「問題意識」の 3 つに分けられ、全体は延べ 3319 項目に上り、このうち「語彙」は延べ 2618 語（異なり 2297 語）である[2]。

　また、語種別に漢語（464 語）、和語（867 語）、外来語（1006 語）、混種語（263 語）、不明（18 語）となっている[3]。このことから中国語を母語とする学習者にとって外来語が特に難しいことに疑いの余地がないが、有利とされる漢語に関しても多くの問題があることがわかる。次章で扱う漢字を含む和語を考え合わせれば、本章で上級以上の学習者にとって「漢字語彙」も看過できない問題である。

　そして、「語彙」の 2618 語を筆者自身の内省によってタグづけを行ったのが表 2 である。

2　2011 年に山内博之先生の研究プロジェクトに参加させて頂き、学習者の視点から語彙と文法のシラバスを考える機会を賜ったことがきっかけで、日常生活などで「この表現は昔わからなかった」などふと思い出したものについてもメモを取るように心がけている。そのため、2014 年以降メモの数が増加する傾向にある。
3　サ変動詞は混種語とせず、語幹によって判定した。なお、手書きの文字で確認できないものを「不明」とした。

表1 劉データの全体像

年	語彙	文法	問題意識	計
2003	15	4	0	19
2004	212	62	15	289
2005	80	22	12	114
2006	397	24	0	421
2007	0	2	3	5
2008	120	35	2	157
2009	14	6	14	34
2010	11	29	5	45
2011	1	33	1	35
2012	0	5	9	14
2013	0	13	3	16
2014	483	135	14	632
2015	267	40	24	331
2016	189	35	5	229
2017	104	26	4	134
2018	222	44	16	282
2019	333	29	14	376
2020	170	13	3	186
計	2618	557	144	3319

表2 劉データのタグづけ一覧

ポイント or 領域	計
アクセント	196
うろ覚え	171
うろ覚えカタカナ	43
カタカナ表記	137
言語間のずれ	86
誤推測	16
準標準語	7
書き言葉	99
自然領域	44
社会領域	284
人文領域	52
生活領域	257
難習カタカナ	304
難習漢語	327
難習和語	571
死語	6
不明	18
計	2618

　本章では音読みに限定して取り上げるため、表2のうちの「難習漢語」のみが考察対象となる。「難習漢語」はさらに表3のように「読めない」「ヒアリング（聞き取れなかったもの）」「推測不可（漢字情報のみでは意味の推測ができないもの）」「産出難（産出が難しいとされるもの）」「慣用句」に区分される。以下、「読めない」を詳述していく[4]。

4　「ヒアリング」「推測不可」は理解面のポイントであるのに対し、「産出難」は産出面のポイントである。

表3　「難習漢語」の全体像

	読めない	ヒアリング	推測不可	産出難	慣用句	計
2003	1					1
2004	3	2				5
2006	10		1	1	13	25
2008	2			1	2	5
2014	21		4		7	32
2015	25		1	1	5	32
2016	22		7	2	1	32
2017	23		6	2	2	33
2018	46		6	1	7	60
2019	44		16	2	6	68
2020	21		8	2	3	34
計	218	2	49	12	46	327

2. 「読めない」
2-1　不知

「不知」とは漢字表現をみてこれまでの知識（音読みまたは訓読み）を動員しても読みを見出せない場合を指す[5]。具体例は以下の通りである（メモを取った年に続き、間違った読みが表示される場合はその読みの前に＊をつける。また、複数の音読みが存在する場合は産出した語の前に？を付する。）

猜疑心（2003）　危篤（2004）　嫡孫（2004、＊てきそん）　賜杯（2006）　真贋（2006）　畏友（2014、＊かいゆう）　億劫（2014）　絢爛（2015、＊しゅんらん）　斟酌（2015、＊かんしゃく）　鼎談（2015）　嗚咽（2016、＊ういん）　吃音（2016）　吹聴（2016）　漸次（2017、＊ざんじ）　一糸（2018：2回）　邂逅（2018、2020、＊かいご）　寛恕（2018、

5　その場では瞬間的に読みが全くわからないと感じてしまうものもある。たとえば、空疎（2019）／冗長（2019）／抜歯（2019）／劣後（2019）の4例がそれである。なぜなら落ち着いて考えれば、「親疎」「冗談」「歯科病院」「＊悪劣（「劣悪」は中国語と字順が異なる）」の音読みを知っていることに気づくからである。

2019、＊かんじゅ）　陥穽（2018）　誤謬（2018）　悉皆（2018）　昵懇（2018）　贖罪（2018、2019、＊しゅくざい）　仄聞（2018）　肥沃（2018、＊ひよう）　膾炙（2019）　幸甚（2019）　搾取（2019、＊さしゅ）　残滓（2019、＊ざんさい）　煮沸（2019）　抜糸（2019）　陋屋（2019）　蹂躙（2020）　箴言（2020、＊かんげん）　放蕩（2020、＊ほうよう）

　中には訓読みしかわからず、音読みが全く浮かばない場合と、音読みと訓読みのどちらの読みも全く想像がつかない場合がある。前者についてはたとえば「煮沸（2019）」を挙げることができる。「煮」に「にる」という訓読みは知っているが、その音読みが全く思いつかない。これに対し、「億劫（2014）」の「劫」のように音読みも訓読みもそもそもわからないのが後者の例である。「不知」タイプに遭遇した場合、筆者は中国語としての漢字知識（漢字を作る原理、古くは「六書」の１つ）に倣って漢字表記一部の読みをその漢字全体の読み（音読み）に充てるというストラテジーを取るが、正しい読みに辿り着けない。たとえば、「嫡孫（2004）」に関しては「嫡」の読みがわからなかったが、「商」の部分の音読みを援用して「＊てきそん」と読んでみるもののエラーとなってしまう。

2-2　失敗

　「失敗」はこれまでの音読みの知識を応用しても正解にならない場合である。

　三線（2006、＊さんせん）　雀荘（2006、＊じゃくそう）　性分（2006、＊せいぶん）　一対（2008、＊いったい）　言質（2008、＊げんしつ）　加齢黄斑（2014、＊こうはん）　下降（2014、＊げこう）　元来（2014、2020、＊げんらい）　夏至（2014、＊かし）　本望（2014、＊ほんぼう）　冥利（2014、＊めいり）　謀反（2014、＊むはん）　養生（2014、＊ようせい）　区画（2015、＊くが）　最期（2015、＊さいき）　交通の便（2015、＊びん）　施術（2015、＊しじゅつ）　文盲（2015、＊ぶんもう）

隠密（2016、＊いんみつ）　恵贈（2016、＊えいぞう）　競輪（2016、2018、＊きょうりん）　逆鱗（2016、2017、＊ぎゃくりん）　解毒（2016、＊かいどく）　強情（2016、＊きょうじょう）　建立（2016、2017、＊けんりゅう）　悪寒（2017、＊あっかん）　功徳（2017、＊こうどく）　恵投（2017、2019、＊えいとう）　希有（2017、＊きゆう）　化身（2017、＊かしん）　互恵（2017、＊ごえい）　順応（2017、＊じゅんおう）　成就（2017、せいじゅう）　適応（2017、＊てきのう）　反故（2017、2018、＊はんこ）　流浪（2017、＊りゅうろう）　競艇（2018）　競馬（2018、＊きょうば）　金色（2018、？きんいろ）　数珠（2018、＊すうじゅ）　～上戸（2018、＊じょうと）　相伴（2018、＊そうはん）　所望（2018、＊しょぼう）　人後（2018、＊にんご）　忖度（2018、＊そんど）　陶冶（2018、＊とうち）　偏重（2018、＊へんじゅう）　宝物（2018、＊ほうぶつ）　無下（2018、＊むか）　悪行（2019、＊あっこう）　得体（2019、＊とくたい）　呵責（2019、2020、＊かしゃく）　競合（2019、＊けいごう）　群青色（2019、＊ぐんせいいろ）　掌握（2019、＊しょうはく）　生薬（2019、＊せいやく）　垂涎（2019、＊すいだん）　素性（2019、＊そじょう）　世間体（2019、＊せけんたい）側聞（2019、2020、＊そくもん）　盤石（2019、＊ばんせき）　唯心（2019、＊ゆしん）　唯物（2019、＊ゆぶつ）　律儀（2019、＊りつぎ）　流転（2019、＊りゅうてん）　悪業（2020、？あくぎょう）　遊戯（2020、＊ゆうげ）　経文（2020、＊きょうぶん）　今生（2020、＊こんせい）　辟易（2020、＊へきい）

　このように、重箱読みや湯桶読みなど音読みと訓読みが同時に現れるものがあることは知っているが、基本的に同じタイプの読み同士で読ませるもうまくいかない場合が多い。たとえば、「競争」の読みの影響を受けて「競輪（2016、2018）」を二度にわたり「＊きょうりん」と読んでいるようである。また、「建立（2016、2017）」と「流転（2019）」はともに昔を思い出した例ではあるが、既習の音読み知識を用いて「＊けんりゅう」「＊りゅうてん」と読んでは正解に辿り着けない。「失敗」タイプに関しては後述するよう

に、漢字漢語の受容の史的変遷が現代日本語の読みを極めて複雑なものにしているタイプが多いが、日本漢字音に関する語彙史の背景などを紹介しても「漢字語彙」の読みの改善に直結することが少なく、その効果は限定的なものと考えられる。

2-3　清濁

　「清濁」は文字通り、清音または濁音に関する間違いである。便宜的に、「貧富（2015）」のような半濁音もここに入れる。

　　定規（2006、＊じょうき）　分際（2006、＊ぶんさい）　冬至（2014、＊とうし）　浅薄（2015、＊せんはく）　胚胎（2015、＊ばいたい）　貧富（2015、＊ひんふ）　一蹴（2017、＊いちじゅう）　企図（2018、＊きど）　勘当（2019、＊かんとう）　相伴（2019、＊あいはん）　反故（2019、＊はんこ）　堅固（2020、＊けんこ）

　中には「企図（2018、＊きど）」のように、「きと」でよいところに連濁のルールを使ったことがアダになる場合がある一方、「勘当（2019）」を「＊かんとう」で読んだ例はその逆と見なすことができる。

2-4　特殊拍[6]

　「特殊拍」は当然のことながら、日本語の撥音・促音・長音に関する間違いを指す。いずれも中国語を母語とする学習者にとって苦手な拍である。以下の実例をみてもわかるように、撥音に比べて「促音」の有無、長音短音の区別の問題がより深刻であるように思える。いずれもコミュニケーションが無事に達せられるかどうかに関わるため、特に注意せねばならな

6　特殊拍関連の間違いが音読みにおいて顕著である。一方、漢字を伴う和語における「読めない」タイプには「子音脱落」「母音脱落」といった特徴的なタイプが確認される。詳しくは劉（2022a）を参照されたい。

いポイントとして注目されるべきである。

2-4-1　促音

必需品（2014、＊ひじゅひん）　閲する（2015、＊えつする）　席巻（2015、＊せかん）　確固（2018、＊かくこ）　十対十（2018、＊じゅうたいじゅう）　突出（2018、＊としゅつ）　毅然（2020、＊きつぜん）　侮辱（2020、＊ぶつじょく）

「突出（2018、＊としゅつ）」のように、促音があるべきところにそれが抜けている場合と、「侮辱（2020、＊ぶつじょく）」のようなその逆のタイプに大別される。

2-4-2　長音

愛想（2004、＊あいそう）　お新香（2015、2018、＊おしんこう）　板書（2015、＊ばんしょう）　去就（2016、2018、＊きょしゅ　「挙手」連想）　人魚（2016、＊にんぎょう　「人形」連想）　幇助（2016、＊ほじょ　「補助」連想）　殊勝（2019、＊しゅうしょう）　登攀（2019、＊とはん）

　中国語母語話者にとって長音短音の理解と産出が難しいことはしばしば言われることである。劉データにある用例を確認すると、それを正しく言えない背景は実に種々雑多である。たとえば、「お新香（2015、2018）」を「＊おしんこう」と読んだのは「香水」のような既習知識を援用したことに起因する。これに対し、「去就」（2016、2018）の「就」を既有知識の「就職」の「しゅう」ではなく、「しゅ」と読んでいるのは「挙手」という語を連想して、「挙」につられてしまったからである。このほか、初級語彙の「図書館」の「書」を間違いなく「しょ」で習得しているはずなのに、「板書（2015）」を「＊ばんしょう」で発音してしまうのは中国語の「板书」の一文字一文字が同間隔で発音されることが影響しているためである。

2-4-3 撥音

　　羨望（2016、2019、＊せつぼう）

　撥音の例は「羨望（2016、2019）」の１例のみである。日本語ではやや硬いイメージがあるが、中国語では「羨ましい」に相当し、話し言葉でも一般語彙にあたる。「羨望」に限らず、本章で取り上げる語の多くはこうした日中両言語における難易度の差が認められる。言い換えれば、文字をみてその意味を瞬時に理解できることが災いして日本語の読みを疎かにしてしまっている可能性があるということである。

2-5 和訓選択

　ここでいう「和訓選択」は、音読みの箇所に訓読みを当てはめることによる間違いのことである。その逆もここに含める。

　　逐次（2006、＊ついじ）　大書（2014、＊おおがき）　血税（2015、＊ちぜい）　紙幅（2015、＊しはば）　足下（2015、＊あしした）　突破口（2015、＊とっぱぐち）　肉薄（2015、＊にくうす）　直訴（2016、＊ちょくそ）　遂行（2016、＊ついこう）　日直（2016、＊ひちょく）　〜裏（2017、＊うら）　遅々と（2017、＊おそおそと）　大所帯（2018、＊だいしょたい）　血便（2018、＊ちべん）　歯牙（2019、2020、＊はが）　沃野（2019、＊やくの）

　具体例を挙げると、「血税（2015）」「血便（2018）」をそれぞれ「＊ちぜい」「＊ちべん」と読んだものがそれである。「歯牙（2019、2019、＊はが）」も同じである。下線が引かれているこれらの語はいずれも難易度が高くないという点が特徴的であると言える。

70

2-6　連想

「連想」は筆者自身が、漢字表記に関連して別の語などを連想して間違いに繋がった場合である。個人差があることは言うまでもないが、実例が少なくないことに鑑みて決して看過できるタイプではない。

敷設（2006、＊しせつ　「敷く」）　交錯（2014、＊こうさ　「交差」）
呪怨（2014、＊じゅのん　「かんのん　じゅんのう」）　付箋（2014、
＊ふうせん　「封」）　掘削（2015、＊ほっくつ　「掘る」）　先後（2016、
＊ぜんご　「前後」）　鳳凰（2016、＊ほうこう　「皇」）　喧伝（2017、
＊せんでん　「宣伝」）　山麓（2018、＊さんりく　「三陸」）　遡上（2018、
＊ぎゃくじょう　「逆上」）　胚芽（2018、2020、＊ほうが　「萌芽」）
劣悪（2018、＊れつあつ　中国語の語順「悪劣」）　生気（2019、＊しょ
うき　「正気」）　汎用（2019、＊ぼんよう　「凡」）　嗅覚（2020、＊しゅ
うかく　「臭」）

「連想」の内実は実に様々である。たとえば、「敷設（2006）」「掘削（2015）」をそれぞれ「＊しせつ」「＊ほっくつ」と読んだのは、「敷く」「掘る」が想起され、その訓読みの一部である「し」と「ほ」をそれぞれ反映させた間違いであった。これに対し、「付箋（2014）」の「付」を「ふう」に読んだのは、封筒の「封」につられてしまったからである。

2-7　ピンイン

「ピンイン」を簡単に説明すると、中国語の表音システムのことで、中国語教育において一般的に用いられる用語である[7]。ここでは、ピンインにつられて日本語の音読みを間違った場合を指す。実例を次に挙げる。

7　阿久津智先生（拓殖大学）よりご教示賜った。

係数（2014 ＊しすう 「xishu」） 矜持（2016、2019、＊きんじ 「jinchi」） 瓦解（2017、2018、＊わかい 「wajie」） 〜奉行（2017、＊ほうぎょう 「fengxing」） 粉砕（2017、＊ふんすい 「fensui」） 上梓（2019、＊じょうしん 「shangxin」） 侮蔑（2020、＊ぶめつ 「wumie」）

たとえば、「係数（2014）」は中国語で「系数」と書かれるが、ピンインで表記すると「xishu」となる。その「xi」は日本語の「し」に極めて近い発音である。もう1例を挙げる。「瓦解（2017、2018）」の「瓦」のピンイン表記は「wajie」で、「wa」はほぼ日本語の「わ」と発音されるため、筆者は「瓦解」を「＊わかい」と読んでしまったのである。

2-8　経験不足

「経験不足」は、学習者が実際に経験していないまたはし得ないことによって正しく読めない場合を指す。以下の3例があった。

公文（2014）　花より男子（2015）　東女（2018）

「男子」を「だんご」と読むためには「花より団子」という日本語の慣用句を知っておくことが前提条件である。また、「とんじょ」の「東女（2018）」は、日本語母語話者であっても関東以外の出身であれば知らない可能性のある集団語と言える。一方、日本人であれば、「公文（2014）」を知らない人は恐らく居なかろう。しかし、中国で教育を受けた中国語母語話者のほとんどが「公文」を経験しておらず、「くもん」という読みを知る機会も乏しいものとされる。なお、経験不足に関しては漢語に限らず、和語（たとえば、「三が日」[8]）、外来語（たとえば、「ホームルーム」）などを挙げることもできる。

8　中国も「お正月」という概念はあるが、期間などに大差が認められる。

2-9　複数読み

　「複数読み」とは、日本語として複数の読みが存在するが、使用優勢とされる読みを使わない場合を指す。以下の例がそれである。

　早急（2014、2017）　重複（2014）　正本（2015）　相殺（2015、2018、2020）　出生率（2016）　生得（2017）　耳目（2018）　憧憬（2019）成敗（2020）

　ただし、「複数読み」に関しては母語話者でもゆれが認められるため、決して間違いとは言い切れない。学習者に複数の存在を注意喚起することが求められる。そもそも「複数読み」の中でも概ね 3 つのグループに分けられる。1 つ目は「早急」「重複」「世論」のように、それぞれ「さっきゅう／そうきゅう」「ちょうふく／じゅうふく」「せろん／よろん」のように 2 通りの読みは存在するが、前者の読みが一般的とされるタイプである。2 つ目は、「相殺　そうさい／そうさつ」「耳目　じもく／じぼく」「憧憬しょうけい／どうけい」「妄言　もうげん／ぼうげん」「工場　こうじょう／こうば」のように、必ずしもどちらのほうが優勢とはいい難いタイプである。そして、3 つ目には読みによって意味が明確に区別され、使い分けを要するタイプである。具体的には「正本　せいほん／しょうほん」「成敗せいばい／せいはい／じょうはい」「市場　しじょう／いちば」「現場げんば／げんじょう」「声明　せいめい／しょうみょう」などが挙げられる。

2-10　難読

　「難読」はそもそも読み自体が難しいとされるもので、日本語を母語とする人間にとっても読み方を知らない可能性が高いという点では、単なる学習者が読み方自体を知らなかった 3.1「不知」とは区別される。以下の 2 例を挙げる。

貪瞋痴（2006）　竜胆の花（2014）

　日本語母語話者でも知らないため学習者もそれを知る必要はないとの見方もあろう。しかし、母語話者も読めないからといって学習者も読めなくてもよいということにはならない。とりわけ、(上級以上で)ニア・ネイティブレベルを目指す場合、個々の学習目的にもよるが、学習負担になるかどうか、必要なのかどうかについて学習者自身で決めるという主張こそが「学習者主体」の日本語教育があるべき姿ではなかろうか。

3. おわりに

　本章は劉データを手がかりに、上級以上になっても「読めない」音読みの語について考察を行った。学習者によって学習目的が異なるため、上級以上ともなれば、どのような語が必要なのかについても変わってくる。したがって、本章で示した語は、共通して上級以上の学習者にとって必要な語の一端は含まれているが、そのすべてを一般化できると主張するものではない。ただし、劉データの実例を確認してもわかるように、従来の研究では重視されてこなかった産出の1つでもある「読めない」問題が深刻である。「読めない」ことにより、聞き手の感情を害する危険[9]や、入力する速度や正確さに支障をきたす（たとえば論文執筆時の直接引用）など、学習者が不利益を蒙る可能性も少なくない[10]。

　「読めない」理由については、漢字漢語受容の史的変遷により、現代日本語の読みが複雑な様子を呈しているという客観的な理由と、中国語を母語とする学習者が「漢字語彙」を一見して意味を推測できることが災いしてかえって日本語の読みを疎かにしてしまうという学習者の姿勢による主

9　たとえば、筆者は広島大学渡部倫子先生と筑波大学矢澤真人先生を間違ってそれぞれ「わたべ」「しんじ」とお呼びしたことがあった。
10　石川慎一郎先生（神戸大学）、森篤嗣先生（武庫川女子大学）、陳秀茵先生（東洋大学）よりご教示賜った。また、筆者のゼミ生が作成したパワーポイントを使ってゼミ発表する際に、「漢字語彙」の読み間違いが多く見受けられる。本人たちに確認したところ、漢字一文字一文字で入力したり、中国語の入力ソフトで読み方のわからない漢字を入力したりしているようである。

観的な理由の2点が挙げられる（「緒言」前述）。前者については歴史的背景を取り入れて指導してもその効果は限定的である。そもそも初級・中級の指導のように、（上級以上で）ニア・ネイティブレベルを目指す学習者に学習範囲を提示すること自体が現実的ではない。「読めない」問題の解決策のカギを握るのは、むしろ後者の「学習者の姿勢」であると筆者は強く主張したい。具体的には、読めない語は勿論、自信のない語に遭遇してもすかさず読み方辞典などを用いて確認作業を行うことが必須であるが、さらにメモとして取っておくことが極めて重要である[11]。一方で、無論教師側は無作為でよいというわけではなく、紙媒体の教材類の内容陳腐化を避けるためにも、読み方を検索できるオンライン教材または辞書類の開発が必要であろう。さらには、学習意欲のある協力者を募り、レベル別、母語別でそのような「漢字語彙」の読みまたは意味を調べたりする経年調査という研究も展望できよう。

11　アクセントと、原語表記からカタカナ風に産出することについては、普段から日本語母語話者の発音などとの違いを意識し、確認したりメモを取ったりすることが重要である。そのうえ、真似をして実際に使うことも必要である。詳しくは終章で述べる。

参考文献

許雪華（2021）「近四十年中日同形詞比較研究総述」『高等日語教育』6、外語教育与研究出版社

小森和子（2012）「漢語と和語の違いに関する中国人日本語教員の認識」『明治大学国際日本学研究』5-1、明治大学国際学部

小森和子（2020）「中国語母語話者の和製漢語の意味推測」『明治大学国際日本学研究』12-1、明治大学国際日本学部、明治大学国際学部

小森和子（2021）「中国語母語話者による和製漢語の意味推測と習得の関係―未習者と学習者の比較を通して―」『明治大学人文科学研究所紀要』88、明治大学人文科学研究所

小森和子・玉岡賀津雄・斉藤信浩（2014）「第二言語として日本語を学ぶ中国語話者の日本語の漢字語の習得に関する考察」『中国語話者のための日本語教育研究』5、中国語話者のための日本語教育研究会

小森和子・早川杏子・三國純子（2018）「中国語母語話者は和製漢語を正しく意味推測できるのか―日本語未習者への調査から―」『中国語話者のための日本語教育研究』9、中国語話者のための日本語教育研究会

松下達彦ほか（2020）「日中対照漢字語データベースの開発と応用」『日本語教育』177、日本語教育学会

松下達彦ほか（2021）「第二言語としての日本語語彙量と漢字力―第一言語と学習期間の影響―」『日本語教育』178、日本語教育学会

孟盈（2017）「中国語を母語とする日本語学習者における語彙習得研究―言語間類似性の観点から―」『日本語研究』37、首都大学東京（東京都立大学）日本語・日本語教育研究会

孟盈（2020）「中国語母語話者における単漢字和語動詞の理解と産出―言語間類似性と習熟度の観点から―」『中国語話者のための日本語教育研究』11、中国語話者のための日本語教育研究会

劉志偉（2015a）「通時論的観点を部分的に取り入れた文法指導の試み」『武蔵野大学日本文学研究所紀要』2、武蔵野大学日本文学研究所

劉志偉（2015b）「第8章　学習者から見た文法シラバス」庵功雄・山内博之編『データに基づく文法シラバス』くろしお出版

劉志偉（2016a）「第 5 章　日本語学習者から見た語彙シラバス」森篤嗣編『ニーズを踏まえた語彙シラバス』くろしお出版

劉志偉（2016b）「学習者の視点から見た「準標準語」文法項目について」『武蔵野大学日本文学研究所紀要』3、武蔵野大学日本文学研究所

劉志偉（2016c）「原語表記からカタカナ語への再現―中国語話者の場合―」『人文学報』512-7、首都大学東京人文科学研究科

劉志偉（2017a）「日本語文法の史的研究と日本語教育との接点―関西方言のウ音便と話し言葉におけるイ形容詞のエ段長音を例に―」『武蔵野大学日本文学研究所紀要』4、武蔵野大学日本文学研究所

劉志偉（2017b）「新しい日本語教育のアクセント学習において必要なもの―中国人日本語学習者の〈学習メモ〉の分析から―」『言語の研究』3、首都大学東京言語研究会

劉志偉（2018）「日本語教育の立場から垣間見たラ行音撥音化―日本語学習者の視点から―」『埼玉大学紀要（教養学部）』54-1、埼玉大学教養学部

劉志偉（2022a）「中国語話者上級学習者から見た漢字を伴う和語学習の難点について―日本語学習メモを手がかりに―」『JSL 漢字学習研究会誌』14、JSL 漢字学習研究会

劉志偉（2022b）『敬語三分類に拠らない現代日本語の敬語指導に関する提案―外国人の目から見た日本語の一環として―』日中言語文化出版社

第4章

和語の学習

─漢字を含む語を中心に─

はじめに

　本章は前章に続いて「漢字語彙」のうち、訓読み、即ち和語と混種語に注目する。第3章で述べた通り、劉データ（2003年～2020年）の全体は延べ3319項目に上り、「語彙」「文法」「問題意識」の3つに分けた場合、「語彙」は延べ2618語（異なり2297語）であった。そして、「語彙」にタグをつけた一覧が表1となる。

表1　劉データのタグづけ一覧（再掲）

ポイント or 領域	計
アクセント	196
うろ覚え	171
うろ覚えカタカナ	43
カタカナ表記	137
言語間のずれ	86
誤推測	16
準標準語	7
書き言葉	99
自然領域	44
社会領域	284
人文領域	52
生活領域	257
難習カタカナ	304
難習漢語	327
難習和語	571
死語	6
不明	18
計	2618

　本章では「語彙」のうち、習得が難しいとされる「難習和語」の 571 語（延べ語数）に焦点を当てる。「難習和語」はさらに細区分されるが、以下、漢字を伴わない「オノマトペ」、別途考察を要する「慣用句」（第 5 章にて詳述）を除いた、「未習」「通時的視点」「読めない」「一字読み」「推測不可」「漢字有効」「産出難」を取り上げる。個々のタグの定義については各節にて詳しく述べるが、これらを「習っていないもの」「（読み方が）読めないもの」「（意味が）わからないもの」「使えないもの」の 4 つにグルーピングした上で詳しくみていく（表 2）。

表 2　「難習和語」の全体像

	未習	オノマトペ	通時的視点	読めない	一字読み	推測不可	漢字有効	産出難	慣用句-語	慣用句-フレーズ	慣用句-定型句	慣用句	総計
2003								1					1
2004	2	1	2	1		1		2		1	1		11
2006	2		1	8	2	3		6	3	4	1	2	32
2008		1		2	2	4					1	1	14
2009										2			2
2010			1					1			1		3
2014	17	1	4	15	4	17	1	21	3	9	3		95
2015	7		1	10	2	16	6	10		4	6	2	64
2016	6	2		11		8		10	4	2	3	1	49
2017	3			11	2	1	2		2	1		1	24
2018	12			29	11	6		6		6	4	2	76
2019	24		4	32	2	13	5	11	2	13	13	16	135
2020	9		1	10	5	17	2	6	2	6	5	2	65
総計	82	5	14	129	32	86	16	77	16	49	39	26	571

1.「習っていないもの」

　「習っていないもの」には「未習」と「通時的観点」の 2 つのタグが含まれる。

1-1 「未習」

ここでいう「未習」は、メモを取る時点[1]において習っていないと筆者の直感によって判定されたものである。「その時点においてその語を知らなかった」と置き換えても差し支えない。これらはさらに以下に詳しく区分することができる。

なお、例示の基準は以下の通りである。a.漢字を伴う表記の後ろに、メモを取った年と読み方を丸括弧に示すことを基本とする。b.漢字表記はあるが、仮名表記が一般的な語については、平仮名で先に読み方を提示し、後続の丸括弧内に鍵括弧つきで漢字表記を追記する。c.漢字表記不明のものまたは一般的に漢字表記を用いない語について劉データの全体像を示すために、平仮名のみで表記する。

・N

諍い（2014、「いさかい」）斜向かい（2014、「はすむかい」）やさぐれ女（2014、「やさぐれおんな」）とば口（2015、「とばくち」）蟠り（2015、「わだかまり」）雨樋（2016、「あまどい」）悪足掻き（2017、「わるあがき」）おべべ（2018）尾鰭（2019、「おひれ」）隠れ蓑（2019、「かくれみの」）おままごと（2020）（反則の）廉（2020、「（はんそくの）かど」）

・V

あしらう（2006、「遇う」）爛れる（2014、「ただれる」）たじろぐ（2016：2回、「躊ぐ」）まさぐる（2016、「弄る」）まみえる（2018、「見える」）悖る（2018、「もとる」）贖う（2019、「あがなう」）諌める（2019、「いさめる」）疎んずる（2019、「うとんずる」）抉れる（2019、「えぐれる」）慄く（2019、「おののく」）のさばる（2019）馬鍬う（2019、「まぐわう」）宛がう（2020、「あてがう」）撓む（2020、「たわむ」）

---

1 後になって当時確かこの表現がわからなかったなと思い出した場合もある。ふと思い出したものも多く含まれる。

・VV 型複合動詞

　　開け放す（2014、「あけはなす」）　いがみ合う（2014、「(啀み合う)いがみあう」）　やさぐれはじめる（2014、「やさぐれはじめる」）　差し向う（2016、「さしむかう」）　のたうち回る（2017、「のたうちまわる」）　慌てふためく（2019、「あわてふためく」）　苦り切る（2019、「にがりきる」）　逃げおおせる（2019、「にげおおせる」）

・複合要素を含む複合動詞

　　仰け反る（2006、「のけぞる」）　ほくそ笑む（2018、「ほくそえむ」）　ほっつき歩く（2019、「ほっつきあるく」）

・形容的表現

　　しょっぱな（2004、「初っ端」）　のっぽ（2004）　此れしき（2014、「これしき」）　しがない（2014）　ねんごろ（2014、「懇ろ」）　ひもじい（2014）　つぶら（2014、「円ら」）　いっしょくた（2015、「一緒くた」）　おぞましい（2015、「悍ましい」）　こっぴどい（2015）　つつがない（2015、「恙ない」）　やわ（2015、「柔」）　女だてら（2018、「おんなだてら」）　きみじか（2018、「気短」）　こしゃく（2018、「小癪」）　おあつらえむき（2019、「お誂え向き」）　おんぼろ（2019）　なけなしの（2019）　ひっきりなし（2019、「引っ切り無し」）　おざなり（2020、「御座なり」）　かいがいしい（2020、「甲斐甲斐しい」）

・副詞的表現

　　命からがら（2014、「いのちからがら」）　さんざっぱら（2014）　ひねもす（2014、「終日」）　まっしぐら（2014）　とうに（2016、「疾うに」）　えてして（2018、「得てして」）　シャカリキ（2018、「釈迦力」）　つぶさに（2018、「具に」）　差し詰め（2019:2回、「さしづめ」）　伊達に（2019、「だてに」）　遠巻きにして（2019、「とおまきにして」）　よしなに（2019、「よしなに」）　今しがた（2020、「いましがた」）　たらふく（2020）

・接尾辞

　　～みどろ（2019）[2]

2　検定試験対策では「～みどろ」が「～ずくめ」「～まみれ」とともに扱われることがあるが、筆者は印象に残らなかったようである。

・方言
　　いっちょらい（2017）
・若者言葉
　　甘えた（がり）（2020）

　このように、「未習」は名詞や動詞など複数の品詞が観察され、また、体言を修飾するものから用言を修飾するものまで多岐にわたる。ここでは特に「方言」と「若者言葉」に注目したい。「いっちょらい」は使用場面が極めて限られる語であり、必ずしも上級以上の学習者にとって必要な語であるとは言えない。しかし、「甘えた（がり）」のような話し言葉も考え合わせれば、上級以上の学習者の関心領域に「方言」や「俗語」も含まれているということが注目されよう。

1-2 「通時的観点」

　「通時的観点」に区分された語も筆者にとってメモを取る時点において「習っていない」語であったが、古めかしい表現と解されることからここでは敢えて示すことにした。

・「通時的観点」
　　帰りしな（2004、「かえりしな」）　まったし（2004）　拠り所なし（2006、「よりどころなし」）　（2杯）きり（2010）　普く（2014、「あまねく」）如何せん（2014、「いかんせん」）　いとにも（2014）　かたじけない（2014、「忝い」）　住まう（2015、「すまう」）　あまた（2019）　逢瀬（2019、「おうせ」）　遅ればせながら（2019、「おくればせながら」）然したる（2019、「さしたる」）　折悪しく（2020、「おりあしく」）

　ここで挙げられた表現に関しては、個別の語またはフレーズとして提示することも可能であるが、範囲を広げて様々な古典語の名残を視野に入れた場合、「通時的観点」を部分的に教育に取り入れるという立場もあって

もよかろう（劉 2015）。

2.「読めないもの」

「読めないもの」とは、（声を出して）日本語としての読みを正しく言えない場合のことである。

2-1　既習の知識を活かしても正解に辿り着けない場合

漢字を伴う和語を訓読みで読まなければならないことはわかるが、既習知識をフル回転させてもその正しい読みに辿り着けない場合がある。ただし、この箇所で挙げられるものは、目にしたことがあるという点で 1.1 の「未習」とは区別される。

・個別語[3]
渦巻き（2004、「うずまき」）　幾ばく（2006、「（幾許）いくばく」）　すけだち（2008、「助太刀」）　怖じ気づく（2015、2019、「おじけづく」）　物怖じ（2015：2 回、「ものおじ」）　えずく（2019、「嘔吐く」）

2-2　既習知識を援用したことが祟り、訓読みとしての読みを正しく言えない場合

既習知識（訓読みのほか、音読みも含む）を利用して読み方の産出を試みるが、それが正解に合致しない場合が多々ある。以下のような複数のパターンに細分化できる[4]。（＊は筆者が実際に産出した間違った読みである。ここでは訓読み限定であるため、音読みで産出したものの前には？をつけた。）

3　語としては知っているが、漢字表記がついているから逆に読めないような「漢字表記が不要なもの」もある。(ex. 切欠（2016、「きっかけ」）　悪阻（2019、「つわり」))
4　複数の読みが存在する例もあった（ex. 素振り（2018：2 回、「すぶり」「そぶり」））。片方の読みしか知らなかったということでこの箇所に区分する。

・既有知識を援用した間違い

　　手強い（2014、「てごわい」、＊てづよい）　欲する（2014、「ほっする」、＊よくする）　この期（2017、「このご」、＊このき）　無理強い（2017、「むりじい」、＊むりづよい）　強面（2018、「こわもて」、？こわおもて）反物（2019、「たんもの」、＊はんもの）

・音読みか訓読みかの選択による間違い[5]

　　否応なく（2006、「いやおうなく」、＊ひおうなく）　常夏（2006、「とこなつ」、＊じょうか）　一悶着（2008、「ひともんちゃく」、＊いちもんちゃく）　著す（2014、「あらわす」、＊ちょす）　健気（2015、2019、「けなげ」、＊けんき）　代物（2015、「しろもの」、＊だいぶつ）　お供花（2016、「おくげ」、？おきょうか）　割下（2016、「わりした」、＊かつした）　空々しい（2018、「そらぞらしい」、＊くうくうしい）　中一日（2018、「なかいちにち」、＊ちゅういちにち）　不得手（2018、「ふえて」、＊おとくて）　洞穴（2018、「ほらあな」、＊どうくつ）　愛娘（2018、「まなむすめ」＊あいむすめ）　矢面（2018、「やおもて」、＊やめん）　強面（2019、「こわもて」、＊きょうめん）　骨壺（2019、「こつつぼ」、＊ほねつぼ）　性悪（2019、「しょうわる」、＊しょうあく）　見境なし（2019、「みさかいなし」、＊けんざかいなし）　大見得（2020、「おおみえ」、＊おおけんとく）　深酒（2020、「ふかざけ」、＊しんしゅ）

・熟字訓

　　永久（2014、「とわ」、？えいきゅう）　早生（2014、「わせ」、＊そうせい）夫婦（2015：2回、2017、2020、「めおと」、？ふうふ）　乳母（2016、「うば」、＊にゅうぼ）　醜女（2016、2019、「しこめ」、＊しゅうじょ）竹刀（2017、2019、「しない」、＊ちくとう）　美人局（2018、「つつもたせ」、＊びじんきょく）　狼煙（2018：2回、「のろし」、＊ろうばい）水面（2018、「みなも」、？すいめん）　匕首（2019、「あいくち」、＊ひしゅ）　白湯（2019、「さゆ」、＊はくゆ）　母屋（2020、「おもや」、＊ぼや）　五月雨式（2020、「さみだれしき」、＊ごがつあめしき）　納

5　日本語母語話者でも「山積」を「さんせき」と読むように、規範とされない読みを選択する場合がある。本章はこうしたゆれについては対象としない。

屋（2020、「なや」、＊のうや）　生業（2020、「なりわい」、＊せいぎょう）

・子音脱落

　　垣間見る（2017、「かいまみる」、＊かきまみる）　幸先（2019、「さいさき」、＊さちさき）

・母音交替

　　気高い（2006、「けだかい」、＊きだかい）　目のあたり（2014、「まのあたり」、＊めのあたり）　軽んずる（2016、2017、「かろんずる」、＊かるんずる）　声高（2017、「こわだか」、＊こえだか）　木陰（2018、「こかげ」、＊きかげ）　手向け（2019、「たむけ」、＊てむけ）

・拗音

　　軸足（2019、「じくあし」、＊じゅくあし）

　このように、一言で「読めない」といっても実は複数なタイプが存在することがわかる。「既有知識を援用した間違い」に加え、「子音脱落」「母音脱落」などは学習者が既有の知識のみではカバーしきれない面があり、どこかの段階で提示されることが望ましい。これらに対し、「熟字訓」と呼ばれるものは、日本語母語話者にとっても簡単ではないが、だからといって学習者は知らなくてもよいということにはならない。

　このほか、人名や地名などの固有名詞も難読なものが多く、特徴的であると言える。たとえば、「針谷」は筆者が引用した参考文献の著者名で、学会発表で「はりたに」ではないと指摘された実例である。後述するが、「読めない」ことにより相手に不快を与える「危険な誤用」[6]と化してしまう可能性がある。

・固有

　　針谷（2015、「はりがい」、＊はりたに）　外山（2018、「とやま」、＊そとやま）　深山（2018、「みやま」、＊ふかやま）

6　迫田（2016）は、文法的に間違っているとは言えないが失礼にあたる表現を「危険な正用」と名づけている。早くから野田（2006）が「相手の感情を害する誤用例」と取り上げている。本章では、読みが正しくないことで失礼になる可能性があることから「危険な誤用」という語を用いる。

2-3 漢字一文字を有する語
2-3-1 「単漢字和語」

　「単漢字和語」は孟（2020）の用語を援用したものである。劉データを確認すると、「読めない」ものとして、こうした漢字一文字の和語が突出して多いことがわかる。

・単漢字和語

　　憩い（2006、「いこい」）　熟れる（2006、「うれる」）　醸す（2006、「かもす」）　あしらう（2014、2015、「遇う」）　抗う（2014、「あらがう」）誘う（2014、「いざなう」）　悼む（2014、「いたむ」）　虐げる（2014、2016、「しいたげる」）　荒む（2014、「すさむ」）　穿る（2014、「ほじる」）著す（2015、「あらわす」）　嗜める（2016、「たしなめる」）　潰える（2016、「ついえる」）　慈しむ（2017、「いつくしむ」）　訝しむ（2017、「いぶかしむ」）　秀でる（2017、「ひいでる」）　憩う（2018、「いこう」）忌む（2018、「いむ」）　呻く（2018、「うめく」）　憂える（2018、「うれえる」）　朽ちる（2018、「くちる」）　蔑む（2018、「さげすむ」）　設え（2018、「しつらえ」）　削ぐ（2018、「そぐ」）　背く（2018、「そむく」）　貪る（2018、「むさぼる」）　殺める（2019、「あやめる」）　勤しむ（2019、「いそしむ」）　訝る（2019、2020、「いぶかる」）　騙る（2019、「かたる」）　苛む（2019、「さいなむ」）　したためる（2019、「認める」）設える（2019、「しつらえる」）　唆す（2019、「そそのかす」）　怯む（2019、「ひるむ」）　蒸らす（2019、「むらす」）　愛でる（2019、「めでる」）悶える（2019、「もだえる」）　宿る（2019、「やどる」）　滴る（2020、「したたる」）　誉れ（2020、「ほまれ」）
・一字相当（複合語ではあるが、読めないものはその一部のみ）
　　誘き出す（2006、2019、「おびき出す」）　凍てつく（2014、2018、「いてつく」）　擦りつける（2015、「なすりつける」）　迫り出す（2019、「せりだす」）
・一字（形容詞）

せわしい（2014、「忙しい」）
・一字（形容動詞）
　艶やか（2019、「あでやか」）
・一字（副詞）
　具に（2018、「つぶさに」）　徐に（2019、「おもむろに」）

2-3-2　一字読み

　ここでいう「一字読み」は、表記が漢字一文字のみで、送り仮名を有しない点で「単漢字和語」と区別される。以下に示すように、「一字読み」も学習者にとって苦手なカテゴリーの１つとして挙げることができよう。

・頻出するもの
　礎（2006、2018、「いしずえ」）　性（2006、2008、「さが」）　術（2014、「すべ」）　輩（2017、「やから」）　糧（2018、「かて」）　要（2018、「かなめ」）　砦（2018、「とりで」）
・耳にしたりするもの
　鑢（2008、「やすり」）　番（2014、「つがい」）　鋼（2015、「はがね」）　腸（2014、「はらわた」）　蹄（2015、「ひづめ」）　筏（2016、「いかだ」）　臼（2018、「うす」）　杵（2018、「きね」）　楔（2018、「くさび」）　操（2018、「みさお」）　禊（2018、「みそぎ」）　館（2018、「やかた」）　邪（2018、「よこしま」）　諍（い）（2019、「いさかい」）　翁（2020、「おきな」）[7]　童（2020、「わらべ」）
・読みの難易度が高いもの
　齢（2014、「よわい」）　糝（2016、「こながき」）　長（2017、「おさ」）　鉞（2019、「まさかり」）　祠（2020、「ほこら」）　幌（2020、「ほろ」）　縁（2020、「よすが」）

7　中高の古典教育を受けた日本語母語話者にとって「翁」「童」はさほど難しい読みではなかろう。

このように、「一字読み」は使用頻度や読みの難易度から大きく３つの
グループに分けることができよう。「〜の礎を作った」「最後の砦」のよう
な「頻出するもの」は勿論、「耳にしたりするもの」の中でも、「腸が煮え
くり返る」のような慣用表現も「一字読み」に多く含まれる。

3.「理解できないもの」
3-1 「推測不可」

「推測不可」とは、漢字表記の情報を利用しても理解に直結しない場合
を指す。

・字面（文字通り）

仰けから（2006、「のっけから」）　不心得（2006、「ふこころえ」）　我
武者羅（2008、「がむしゃら」）　一悶着（2008、「ひともんちゃく」）
鑢状（2008、「やすりじょう」）　御触れ（2014、「おふれ」）　感慨一
入（2014、「かんがいひとしお」）　蝶番（2014、「ちょうつがい」）　代
物（2015、2019、「しろもの」）　恙ない（2015、「つつがない」）　村八
分（2015、2020、「むらはちぶ」）　蟠り（2015、「わだかまり」）　中一
日（2016、「なかいちにち」）　口火（2018、「くちび」）　月並み（2018、
2020、「つきなみ」）　悪阻（2019、「つわり」）　手筈（2019、「てはず」）
節穴（2019、「ふしあな」）手塩に（2020、「てしおに」）　生業（2020、「な
りわい」）

・複合（NV）

孫引き（2004）　計画倒れ（2014）　瀬踏み（2014）　代償負け（2014）
手落ち（2014）　目減り（2014）　面持ち（2015）　肩透かし（2015）
尻込み（2015、2020）　値踏み（2015）　能書き（2015）　谷折り（2016）
山折り（2016）　青田買い（2019、2020）　青田刈り（2020）　気兼ね
（2020）

・複合（VV）

剃り負け（2014）　出落ち（2014）　抜け駆け（2014）　寝落ち（2014、

2016)　落ち合う（2015）　見掛け倒し（2016、2019）　出払う（2017）
買い被る（2018）　お申し越し（2018）　逢引き（2019）　明け透け
（2019）　申し開き（2019）　取り越し（2020）

・複合（V 連用形 N）

俯き加減（2006）　噛ませ犬（2014）　言い草（2015）　勇み足（2015、
2020）　及び腰（2015、2016、2020）　語り草（2015）　割り下（2016）
空き巣（2019）　見境なし（2019）　お払い箱（2020）　食い気味（2020）

・比喩

塩対応（2014、「しおたいおう」）　地獄耳（2015、「じごくみみ」）　蛸
足（2018、「たこあし」）　千鳥足（2018、「ちどりあし」）

・文化

助太刀（2008、「すけだち」）　大うつけ伝説（2014、「おおうつけでん
せつ」）　伊達（2014、「だて」）　納屋（2014、「なや」）　菓子折り（2015、
「かしおり」）　三行半（2016、「みくだりはん」）　黒子（2018、「くろこ」）
飛び道具（2019、「とびどうぐ」）　お勝手（2020、「おかって」）　御の
字（2020、「おんのじ」）　五月雨式（2020、さみだれしき）

　和製漢語をはじめ、中国語を母語とする学習者が字義を利用しても語の
理解にプラスに働かないという点についてはすでに多くの研究で指摘され
てきた点である。ここに挙げられた実例を確認すれば、漢字を含む和語に
ついても同様なことが言える。ここでは、筆者自らの学習経験から以下の
2 点について触れておきたい。1 つは、「理解不可」には複合形式が特に多
いという点である。もう 1 つは、物事の例え方（「比喩」）や文化面（「文化」）
などの差異によって理解が難しくなる場合があるという点である。

3-2 「漢字有効」

　仮名表記のみではなく、むしろ漢字を取り入れて提示したほうが学習者
にとって理解・記憶しやすくなる場合もある。これを「漢字有効」と名づ
ける。たとえば、実際のテロップ「大した理由もなく、バーベキューにい

そしむ三沢」を目にしたとき、「いそしむ」という語に対し、筆者は前後の文脈や画面情報など総動員し、「たのしむ」というイメージで理解してしまったのであるが、「勤しむ」という漢字を伴う表記であれば、意味の理解は勿論、読み方の記憶にも役立つ。「漢字有効」はさらに「意味に関連づけて覚えられるもの」と「（漢字を利用して）なんとなくイメージできるもの」の2つに大きく分けられる。

・意味に関連づけて覚えられるもの
　　足枷（2014、「あしかせ」）　健気（2015、「けなげ」）　苛む（2015「さいなむ」）　裸ん坊（2015、「はだかんぼう」）　怯む（2015、「ひるむ」）せびる（2017、「強請る[8]」）　あたり散らす（2019、「あたりちらす」）たじろぐ（2019、「躊ぐ」）　ひけらかす（2019、「衒す」）　悖る（2018、「もとる」）　悍ましい（2020、「おぞましい」）
・（漢字を利用して）なんとなくイメージできるもの
　　面持ち（2015、「おももち」）　蛻の殻（2015、「もぬけのから」）　邪（2017、「よこしま」）　老い支度（2019、「おいじたく」）　こもごも（2020、「交々」）

4.「使えないもの」

　本章で用いる「使えないもの」は、従来のように、動詞の自他といった日本語として非文法的な場合を指すのではなく、ある使用場面において最もしっくりくる、日本語らしい日本語として使われるものであるが、学習者がなかなか自ら実際の使用に繋がらないものを指す。ここでいう使用場面は、言語で表現できるかどうかとは関係なく、学習者でも実際に経験し得る場面のことである。たとえば、様々な事情で理不尽なことをさせられ、それを黙って飲むというような悔しい思いは学習者も経験することがあろう。その場合は、日本語母語話者なら「泣き寝入り」という言葉を用いる

8　読みとして「ゆする」または「ねだる」も可能である。

だけで事態の虚しさがしっくり来る。しかし、学習者の場合、煩雑な長文を使って一生懸命伝えようと思ってもその的確なニュアンスが伝わらない歯がゆい体験をしばしばするのである。この点については従来の研究において看過されてきた嫌いがある。

・個別語

　　瀬戸際（2003）　いたちごっこ（2004）　腹いせ（2006）　（いま）ひとつ（2014）　独り善がり（2014）　ぶっきら棒（2014）　頭ごなし（2016）　お尋ね者（2019）　思いのほか（2019）　胸ぐら（2019）

・形容（詞）

　　意気地なし（2006）　気障（2006）　不甲斐ない（2006）　甘ったるい（2014）　居た堪れない（2014）　おっかない（2014）　かったるい（2014）　だらしがない（2014）　はしたない（2014）　おこがましい（2016）　そそっかしい（2020）

・想起されにくい

　　燻す（2004、2006）　かさばる（2015、「嵩張る」）　はたく（2016、「叩く」）　悔いる（2018）　蔑む（2019）　唆す（2019）　片す（2020）　なぞる（2020）

・イメージしにくい要素VV[9]

　　遊びほうける（2014、「遊び惚ける」）　のめり込む（2014）　飲んだくれる（2014）　ふて腐れる（2014）　読みあさる（2014、「読み漁る」）　入りびたる（2015、「入り浸る」）　通りすがる（2015、「通り縋る」）　なすりつける（2015、「擦りつける」）　ひねくれる（2015、「捻くれる」）　呼び立てる（2015、2019）　塗りたくる（2018）

・N述語

　　手ぶら（2015）　根暗（2015）　身勝手（2019）

9　メモにあったが、死語に近い語もあった（ex. おったまげる（2008）　たまげる（2008））。

・NV

　　力負け（2014）　臍曲がり（2015）　気兼ねなく（2016）　気張る（2016）
　　心置きなく（2016）　色仕掛け（2018）　腹持ち（2018）　気取る（2020）

・VV

　　馴れ合い（2006）　泣き寝入り（2014）　買い置き（2016）　受け売り
　　（2019）　買い支える（2019）

・修飾

　　摺り足（2014）　貧乏揺すり（2015）　手提げ（2018）　水回り（2018）

・接頭

　　取り計らう（2014、2019）　取っ掛かり（2016）　分け隔てなく（2016）
　　取り決める（2017）　言い含める（2019）　取り掛かる（2020）

・接尾

　　暗がり（2010）　人だかり（2014、「〜集り」）　〜つどい（2014、「集い」）
　　訴えたもん勝ち（2014、「〜者勝ち」）　走り損（2016、「〜損」）　かぶ
　　せ気味（2020）

5. おわりに

　本章は劉データを手がかりに、漢字を伴う和語を中心に、上級以上の学
習者にとっての難点について概観した。具体的には「（読みを）読めるか
どうか」「（意味が）わかるかどうか」「使えるかどうか」の3点に大別し、
学習者自らの発信を通じて学習者の弱点や「モヤモヤ感」（劉 2023）を感
じる箇所を示した。中でも、「読めるかどうか」については従来注目され
てこなかった産出面の一部であり、日本語の読みを正しく言えないことに
より、人の名前を読み間違えて失礼にあたることや、タイピングの速度や
正確さに支障をきたす[10] など、学習者が不利を蒙る可能性がある。これに
対し、「使えるかどうか」に関しては、従来から指導されている特定の語
を正しく使えるかどうかを指すのではなく、日本語らしい日本語として必

10　石川慎一郎先生、森篤嗣先生、陳秀茵先生よりご教示賜った。

須な語でありながら、学習者が自ら実際の使用に繋げられない語を示した点では学習者でなければ知り得ない情報である。

　前者の指導については、学習者自身の学習姿勢と深く関わっており、読みに自信がない場合、読み方辞典などを利用し、その場で常に読み方を確認したりメモを取ったりするように注意喚起をする必要がある。

　一方、後者については、学習者自身が、様々な場面において母語話者の表現と自分自身が用いようとする表現との違いを意識して真似て使うことが重要であるが、教師側による手助けも不可欠である。具体的には、授業内外において学習者の返答や発言に対し、例えば以下のような言い換えを行うという環境を整えてあげるということである。

　　S：「昨日、スマホをいじっていたら、いつの間にか寝てしまいました。」
　　T：「寝落ちしてしまったんだね！」

　このように「いつの間にか寝てしまった」を「寝落ち」に置き換えることはいわゆる「やさしい日本語」と逆行する[11]ようにみえるが、初級とは異なり、しっくりくる日本語らしい日本語は（上級以上で）ニア・ネイティブレベルを目指す学習者にとっては避けては通れないポイントである。

　なお、本章で示した学習者にとっての苦手なカテゴリー（たとえば、「一字読み」「産出難」）などはすべて一般化できるものではないが、今後の参考資料や教材開発などに活用されることを期待したい。

11　関麻由美先生よりご教示賜った。

参考文献

庵功雄（2016）『やさしい日本語―多文化共生社会へ―』岩波書店

尹智鉉（2011）「日本語学習者の第二言語習得と学習ストラテジー」『研究紀要』81、日本大学文理学部人文科学研究所

許雪華（2021）「近四十年中日同形詞比較研究総述」『高等日語教育』6、外語教育与研究出版社

小森和子（2012）「漢語と和語の違いに関する中国人日本語教員の認識」『明治大学国際日本学研究』5-1、明治大学国際日本学部

迫田久美子（2016）「〈ソトとウチの接点としての日本語教育〉日本人と外国人の日本語コミュニケーション―学習者の「安全な誤用」と「危険な正用」―」『NINJAL フォーラムシリーズ』7、国立国語研究所

建石始・劉志偉（2021）「第三章　母語の影響」杉村泰・崔小萍・建石始・劉志偉・陳建明・中俣尚己・陳秀茵著『（日本語教師読本 33）中国語話者に教える』WEB JAPANESE BOOKS

野田尚史（2006）「コミュニケーションのための日本語教育文法」『日本語・日本語教育を研究する』28、国際交流基金

松下達彦・陳夢夏・王雪竹・陳林柯（2020）「日中対照漢字語データベースの開発と応用」『日本語教育』177、日本語教育学会

孟盈（2017）「中国語を母語とする日本語学習者における語彙習得研究―言語間類似性の観点から―」『日本語研究』37、首都大学東京（東京都立大学）日本語・日本語教育研究会

孟盈（2020）「中国語母語話者における単漢字和語動詞の理解と産出―言語間類似性と習熟度の観点から―」『中国語話者のための日本語教育研究』11、中国語話者のための日本語教育研究会

劉志偉（2015）「通時論的観点を部分的に取り入れた文法指導の試み」『武蔵野大学日本文学研究所紀要』2、武蔵野大学日本文学研究所

劉志偉（2016）「第 5 章　日本語学習者から見た語彙シラバス」森篤嗣編『ニーズを踏まえた語彙シラバス』くろしお出版

劉志偉（2023）「学習過程における「モヤモヤ感」について」『日本語文法』23-1、日本語文法学会

第5章

慣用表現の学習

—中国語の慣用表現を受けての日本語「産出困難」[1]も視野にいれて—

はじめに

日本語の慣用表現について四字熟語を例にとると以下のような様々な学習上の問題点があることがわかる。たとえば、中国語母語話者が「当意即妙」「妄言多謝」をみても文字の情報だけでは意味の推測（理解）がうまくいかない。また、「朝令暮改」「因果応報」は中国語の"朝令夕改""因果報応"と似てはいるが、完全一致ではない。中国語母語話者が中国語のそれを意識しすぎると正確に産出できない可能性がある。さらに中国語由来の「捲土重来（巻土重来）」「臥薪嘗胆（臥薪尝胆）」の理解に関しては全く問題がないが、日本語で正しく読める学習者は少ない。当然のことながら、日本語の慣用表現は四字熟語だけではない。その習得に関しては多くの課題がある。

そして、中国語の慣用表現の影響を受けて、それに対応する日本語の慣用表現の有無を問わず、日本語に直訳または意訳しても日本語母語話者に伝わらないというような経験は中国語を母語とする学習者なら誰しもしているであろうが、この点に関する研究は極めて手薄である。

本章は第3章の「難習漢語」と第4章の「難習和語」で扱いきれなかった劉データにあった慣用表現のデータを手がかりに、ニア・ネイティブレベルを目指す学習者の慣用表現の学習について考察するとしたい。

1　埼玉大学人文社会科学研究科大学院生牛雨薇氏による「産出障害」という用語を部分改変して「産出困難」に改めた。

1. 日本語の慣用表現を学習する際の問題点について

　表1と表2を確認してもわかるように、中国語母語話者が慣用表現の学習に関心が高いこと、そして慣用表現の学習に問題点があること、の2点がわかる。

表1　「難習漢語」における慣用表現（再掲）

	読めない	ヒアリング	推測不可	産出難	慣用表現	総計
2003	1					1
2004	3	2				5
2006	10		1	1	13	25
2008	2			1	2	5
2014	21		4		7	32
2015	25		1	1	5	32
2016	22		7	2	1	32
2017	23		6	2	2	33
2018	46		6	1	7	60
2019	44		16	2	6	68
2020	21		8	2	3	34
総計	218	2	49	12	46	327

表2　「難習和語」における慣用表現（再掲）

	未習	オノマトペ	通時的視点	読めない	一字読み	推測不可	漢字有効	産出難	慣用句-語	慣用句-フレーズ	慣用句-定型句	慣用句	総計
2003								1					1
2004	2	1	2	1		1		2		1	1		11
2006	2		1	8	2	3		6	3	4	1	2	32
2008		1		2	2	4		2		1	1	1	14
2009										2			2
2010			1					1			1		3
2014	17	1	4	15	4	17	1	21	3	9	3		95
2015	7		1	10	2	16	6	10		4	6	2	64
2016	6	2		11	2	8		10	4	2	3	1	49
2017	3			11	2	1	2	1	2	1	1		24
2018	12			29	11	6		6		6	4	2	76
2019	24		4	32	2	13	5	11	2	13	13	16	135
2020	9		1	10	5	17	2	6	2	6	5	2	65
総計	82	5	14	129	32	86	16	77	16	49	39	26	571

　具体的には、難習漢語における慣用表現は四字熟語が中心であるのに対して、難習和語の慣用表現は様々な下位タイプに分けられる。そもそも「慣用表現」の範囲[2]、ひいては定義を定めること自体が難しい。たとえば、和語の場合、「ゴマをする」「水入らず」「根掘り葉掘り」「短気は損気」「ぐうの音も出ない」「三つ子の魂百まで」「背に腹は代えられない」など慣用的に使われる日本語らしい言い方があるほか、中国語由来の「火に油を注ぐ（火上加油）[3]」「水を得た魚（如魚得水）」に加え、海外の名言格言「時は金なり（时间就是金钱）」（ベンジャミン・フランクリン）もみられる。しかし、学習者がこれらを区分した上で使用しているというわけではない。この点に鑑みて、本章ではいわゆる定型句のほか、「二つ返事」「三つ巴」「雀の涙」「高嶺の花」「言質を取る」「大口をたたく」「大目玉を食らう」のような汎用性の高い語やフレーズの一部も慣用表現と見なす。以下、理解面と産出面とに分け、それぞれにおける漢語と和語の慣用表現の学習について考察する。

1-1　理解面

　漢字の文字情報（以下、字義）を手がかりに、中国語母語話者の学習者にとって意味の推測が可能な慣用表現も少なくない。

　漢語の場合、中国語の慣用表現に対応するものの学習は、中国語母語話者が特に有利とされる。中には、「徒手空拳（徒手空拳）／捲土重来（卷土重来）／一進一退（一进一退）／傍若無人（旁若无人）／起死回生（起死回生）」のような完全対応のものと、「本末転倒（本末颠倒）／臨機応変（随机应变）／良妻賢母（贤妻良母）／青天霹靂（晴天霹雳）／七転八起（七颠八倒）／老若男女（男女老少）／羊頭狗肉（挂羊头卖狗肉）／美人薄命・佳人薄命（红颜薄命）」のような部分対応とに分けられる。また、中国語由来でなくても、字義を利用して意味の推測が可能なものとして「威風堂々

2　中国語由来で「蟷螂が斧を以て隆車に向かう（螳臂挡车）」のような日本語母語話者でも知らないものも多い。
3　丸括弧内は対照言語である。この場合は中国語であるが、以下、中国語に対して丸括弧内に対照言語である日本語を示す場合もある。

／悠々自適／紆余曲折／自信満々／心機一転／相思相愛／不要不急／四苦八苦／正真正銘／乾燥無味／自画自賛／中途半端／有言実行」などが挙げられる[4]。また、比喩の意が込められた「一石二鳥（一箭双雕）／玉石混淆（魚目混珠）」なども、中国語の慣用表現と大きな相違を見せるものの、字義を頼りにその意味を推測することは可能であろう。

　これに対し、「火に油を注ぐ（火上加油）／水を得た魚（如魚得水）／漁夫の利（漁夫得利）／光陰矢の如し（光陰似箭）／対岸の火事（隔岸観火）／（時は金なり（時間就是金銭）／失敗は成功の基（失敗乃成功之母）」のような日中同根と区分される和語の場合、ずれが多少あってもさほど問題にならない。また、和語であっても漢字の字義情報が意味の推測に役立つものもある。たとえば、「一難去ってまた一難／苦あれば楽あり／短気は損気／終わりよければ総てよし／当たって砕けろ／至れり尽くせり[5]」などが例として挙げられる。字義か派生義かの判定は難しいが、「他人の不幸は蜜の味」「目に入れても痛くない」のような共感できる比喩的な表現であれば、意味の推測も可能である。ほかに「木を見て森を見ず／火のない所に煙は立たぬ／傷口に塩／喉に刺さった小骨のように／臭い物に蓋をする／火事場泥棒／焼け石に水／火中の栗を拾う／山あり谷あり／元も子もない／根も葉もない／根掘り葉掘り／後ろ髪を引かれる／足元を掬われる／宝の持ち腐れ／両雄並び立たず／捨てる神あれば拾う神あり／虎の尾を踏む」などを挙げることができる。

　一方、字義を利用して理解できない場合も少なくない。以下、劉データにあった実例をもとに理解面の問題点について考察を行う。

1-1-1　ヒアリング
a. 漢語

　会話の中で聞き取れなかったものとして以下の漢語の慣用表現が劉データに記されている。

---

[4]　無論個人差が認められ、量的検証が必要である。
[5]　古典日本語の要素が含まれているという難しさはある（劉 2022c）。

初志貫徹（2006）　全身全霊（2006）　創意工夫（2006）　風林火山（2006）　平身低頭（2006）　意気軒昂（2015）　臨機応変（2014）　他言無用（2016）　玉石混淆（2018）　心頭滅却（2020）

　その多くは中国語に存在せず、筆者がメモを取る時点において未習であったものがほとんどである。ただし、中には「臨機応変」「玉石混淆」のような、中国語"随机应变""鱼目混珠"と対応しつつも、細かいずれのあるものも含まれる

b.　和語

　ヒアリングがうまくいかなかった和語の慣用表現を確認すると、複数のタイプに分けられることがわかる。
　まず、慣用表現を構成する要素自体は既習語であるが、全体として聞き取れなかったものである。

フレーズ　言質を取る（2008）　大目玉を食らう（2019）　してやられる（2019）
定型句　踏んだり蹴ったり（2008）　寄って集って（2010）
慣用句　喉元過ぎれば熱さを忘れる（2019）

　また、慣用表現の中に未習の要素（下線部）が含まれると、ヒアリングの難易度が高まり、聞き取れない結果に繋がったものとして以下のものが挙げられる。

語　三つ巴（2006）　くわばらくわばら（2016）
フレーズ　牙をむく（2006）　名が轟く（2006）　口さがない（2014）　まちがない（2014）　にべもない（2015、2017）　お日柄がいい（2018）　おじゃんになる（2020）　びっこを引く（2020）　マウントを取る（2020）

定型句　腸が<u>煮えくり返る</u>（2014）　これ<u>見よがし</u>に（2017、2019）
　　<u>ぐうの音</u>も出ない（2018）　<u>とどのつまり</u>（2019）

慣用句　へそも<u>へちまもない</u>（2008）　<u>けんもほろろ</u>（2019）

　このほか、「<u>病膏肓</u>に入る（2006）」のような中国語"病入膏肓"に由来する慣用表現であっても全く理解できなかった例もある。

1-1-2　推測不可
a．漢語

　未習の慣用表現に遭遇する際に、漢字などを手がかりに意味を推測してもうまくいかない場合がある。劉データにあった漢語の慣用表現は以下の通りである。

　傍目八目（2006）　手前味噌（2014）　他力本願（2018）
　自転車操業（2019）　井戸端会議（2020）

　意味の推測がうまくいかない場合、最初に字義をヒントに推測しても正解に辿り着けないときがある。「効果覿面／右往左往／大胆不敵／妄言多謝／笑止千万／十人十色／挙動不審」がそれである。また、「玉砕瓦全／自転車操業」のような比喩が含意されるものや、「手前味噌／風林火山」のような文化的な要素が含まれるものも意味の推測に支障をきたす場合がある。後述するように、これらは和語のそれにおいても同じことが言える。

b．和語

　和語の慣用表現を目にした場合も意味の推測がうまくいかないものが多い。劉データを確認すると、まず慣用表現に未習要素が含まれていると意味の推測に支障をきたす場合があると推察される。

語　関の山（2006）

フレーズ　地団駄を踏む（2015）　一端のことを言う（2019）　肩透かしを食らう（2019）　賢しらをする（2019）　溜飲を下げる（2019）　大見得を切る（2020）

慣用句　彩ずる仏の鼻を欠く（2019）

　これに対し、特に未習要素がなくても、即ち既習要素の集合体の慣用表現であっても意味の推測ができないものが多く存在する。

語　二つ返事（2006）　猫可愛がり（2014）　火の車（2014、2019：2回）　燻し銀（2016）　どんぶり勘定（2016）　一味の雨（2017）　玉虫色（2017）　玉虫色の判断（2020）　馬鹿の一つ覚え（2020）

フレーズ　お縄を頂戴する（2014）　等閑にならない（等閑にする）（2014）　山を張る（2014）　塩を吹く（2016）　人後に落ちない（2018）　味噌をつける（2018）　顎で使う（2019）　大目玉を食らう（2019）　トイレが近い（2019）[6]　料金を踏み倒す（2019）　へそを曲げる（2019）　減らず口を叩く（2019）　耳が遠い（2019）　お冠になる（2020）　お眼鏡に叶う（2020）

定型句　一見さんお断り（2016）　借金のカタ（に捨てられる）（2016）　生まれてこの方（2018）　舐めてかかる（2018）　人となり（2018）　腰掛のつもり（2019）　取りも直さず（2019）　盗人猛々しい（2019）　目をさらにする（2019）　もってのほか（2019）　としたことが（2020）

慣用句　金の草鞋（で尋ねる）（2006）　生き馬の目を盗む（生き馬の目を抜く）（2018）　高みの見物（2018）　犬も歩けば棒にあたる（2019）　捕らぬ狸の皮算用（2019）　団栗の背比べ（2019）　憎まれっ子世に憚る（2019）　瓢箪から駒が出る（2020）　元鞘（元の鞘に収まる、2020）

6　某日本語能力試験 N1 合格者の直話による。「耳が遠い」も同じである。

中国語由来の和語、即ち日中同根の和語の慣用表現が中国語母語話者にとって理解に難くないことは1-1節で述べた通りである。一方、日中同根とは認められない和語については、「字義で理解不能」「比喩」「文化的要素」の３つに分けられる。

　たとえば、字義で理解不能なものとして「旅は道連れ世は情け／寄らば切らん[7]／怪我の功名／住めば都／勝てば官軍（負ければ賊軍）」などが挙げられる。

　そして、比喩を共感できず[8]、意味がピンとこないものに「油を売る／虫がいい／板につく／寝耳に水／鬼に金棒／犬も食わない／犬も歩けば棒にあたる／豚に真珠／烏の行水／馬の耳に念仏／猫に小判／お山の大将／地獄で仏／身から出た錆／目糞鼻糞を笑う／二階から目薬／後ろ暗ければ尻餅つく／餅は餅屋／据え膳食わぬは男の恥／正直者が馬鹿をみる／歯に衣着せぬ／雨降って地固まる／大山鳴動して鼠一匹／実るほど頭を垂れる稲穂かな」など多数存在する。

　これに対し、「清水の舞台から飛び降りる」に代表されるように、地理や歴史などの文化的要素を伴う慣用表現は学習者にとって意味の推測が特に難しいであろう[9]。劉データにも以下の例が確認される。

定型句　いの一番（2006）　おあとがよろしいようで（2020）
慣用句　灯台下暗し（2019）

　文化的要素については「棚から牡丹餅／味噌をつける／帯に短し襷に長し／河童の川流れ／屁の河童／馬子にも衣装／瓢箪から駒が出る／敵に塩を送る／重箱の隅をつつく」などを考えても推測が難しいことが納得できる。

7　古典語要素が含まれている。
8　「足の裏の米粒」のように説明されれば共感できるが、少し説明を要するものもある。
9　同じ意味でも「猿も木から落ちる」は比喩型で、「弘法も筆の誤り」は文化的要素が含まれるタイプとなる。

1-2　産出面

　以下、慣用表現の産出について「読めない」と「使えない」の２点から概観する。語やフレーズ、定型句などの慣用表現を覚え、発話などに使用することを産出と見なすが、無論学習者には慣用表現を使わないという選択もある[10]。

1-2-1　読めない

a. 漢語

　中国語母語話者が漢語の意味を一見して理解または推測できることが、かえって日本語の漢語の読みを疎かにしまう場合がある（劉 2022b）。漢語の慣用表現に関する劉データの例を確認すると、中国語を母語とする筆者が漢語の慣用表現を読めなかったことには様々な理由や背景があったことが推察される。

（１）【知らない読みが含まれる場合】
　　栄<u>枯</u>盛衰（2006）　<u>徒手空拳</u>（2006）　効果<u>覿</u>面（2018）　<u>魑魅魍魎</u>（2018）　非難<u>囂</u>々（2019）　不<u>撓</u>不屈（2019）

　以上の慣用表現のうち、当時その読みがわからなかった漢字が含まれている（下線部）。たとえば、「栄枯盛衰」の「枯」という文字に対し、筆者は訓読みの「かれる」を習得していたが、ここで必要となる音読みを知らなかった。

（２）【既習の読みを用いては正しい読みにならない場合】
　　大言<u>壮</u>語（2006）　面目<u>躍</u>如（2006、2015）　盛者必<u>衰</u>（2008、2015）　諸<u>行</u>無常（2008）　一<u>言</u>一句（2014）　<u>言</u>語道断（2014）　準備<u>万</u>端

---

10 「そもそも知らない」と「知っているが、使わない」の２タイプがあろう。

（2014）　捲土重来（2017）

　既習の（音）読み知識を利用しても正しい読みにならない場合も少なくない。たとえば、「捲土重来」に対し、筆者は既習知識の「じゅう」を当てたが、正しく「けんどちょうらい」でなければならない。

（3）【特殊拍の箇所で読みを間違える場合】
　　威風堂々（2006　＊いっぷうどうどう）　七難八苦（2006　＊しなんはちく）

　慣用表現に限らず、ほかの中国語母語話者と同様、特殊拍にまつわる誤用がみられた。実際に「いふうどうどう」「しちなんはっく」でよかったところ、促音を過剰に入れたり、促音が抜けたりする間違いを犯していた。

（4）【ほかの言葉を連想し、それにつられて読みを間違える場合】
　　有耶無耶（2006　＊あやふや）
　　蛍雪の功（2017　＊こうせつのこう）

　「うやむや」が漢字表記の場合、筆者は「無」を目にしながら、類義語の「不」につられ、「＊あやふや」と発話してしまった。これに対し、「けいせつのこう」の場合、蛍光ペンのケイを思い出しながら、光の読み「コウ」につられて上記の読みとなった経緯である。

（5）【ピンインの影響を受けて読みを間違える場合】
　　自由奔放（2014　＊じゅうふんぽう　ben）　玉石同砕（2015、2018　＊ぎょくさいどうすい　sui）　玉砕瓦全（2018　＊ぎょくさいわぜん　wa）　毀誉褒貶（2019　＊きよほうべん　bian）

　ピンインとは中国語の表音システムで、アルファベットで表記される。「玉砕瓦全」を例に説明しよう。「瓦」という文字はピンインで表記すると

「wa」となる。それが影響して「が」ではなく、「わ」と発音してしまった。

b.　和語

これに対し、和語の慣用表現として以下のような例があった。

> フレーズ　<u>地団駄</u>を踏む（2015　＊じたんだ）　<u>～に与しない</u>（2018）
> 定型句　<u>歯牙</u>にもかけない（2020　＊はが）

「地団駄」や、「くみしない」のような未習語のほか、「しが」を「はが」のように音読み訓読みの混同が理由として考えられる。「腹八分」を「＊はらはちぶん」と発話してしまったこともあったが、自らもっていた既有の音読み知識を援用して失敗した例である。また、「<u>郷に入って</u>は郷に従え」のような古典日本語の知識を要するものもある。

1-2-2　使えない
a.　漢語

このように漢語の慣用表現の中で中国語のそれと部分一致しながら、ずれを有するものが多い。中国語をそのまま意識していては日本語のそれを正しく産出できないのであろう。劉データでは以下のようなものを確認することができる。

> 用意周到（2014　周到的准备）　支離滅裂（2015　支离破碎）　悠々自適（2018　自由自在）　杞憂（2019　杞人忧天）　良妻賢母（2020　賢妻良母）

中でも略された形の「杞憂（杞人忧天）」は意識的に覚えなければ自発的な使用は難しい。同じタイプとしてこのほか「蛇足（画蛇添足）」も挙げられる。

b. 和語

和語の慣用表現として、日本語そのものとして知っておかなければ当然産出することが難しい。フレーズなどを慣用表現として見なした場合、産出難の和語として注目しなければならないものが極めて多い。以下、劉データにあったものを挙げておく。

フレーズ　ヤジを飛ばす（2004）　〜に肖る（2006）　夢にうなされる（2006）　人を動かす（2009）　危機感を覚える（2009）　足止めを食らう（2014）　気に掛ける（2014）　鼻が利く（2014）　袋叩きに遭う（2014）　匙を投げる（2015）　〜に親しまれる（2016）　〜に負えない（2018）　〜に忍びない（2018）　無駄口をたたく（2019）

定型句　結果はどうであれ（2004）　顔に泥を塗る（2014）　持って回る（2014）　甘く溶けるような（2015）　緊張して頭が真っ白（2015）　途中まで一緒に行こう（2015）　酔って目が回る（2015）　選り取り見取り（2015）　選りによって（2015）　有無を言わさず（2016）飛ぶ鳥を落とす勢い（2019）　見よう見真似（2019）　向き不向き（2019）　〜を出汁にして〜（2019）　嫌な言い方をすると（2020）　こっちのセリフ（2020）

また、和語の慣用表現であっても中国語由来のものが少なくない。たとえば、「水を得た魚のよう／郷に入っては郷に従え」などがそれである。日本語として産出する際に、一定の難しさを伴うことが以下の実例から推察される。

慣用句　病膏肓に入る（2015　病入膏肓）　来るものは拒まず去る者は追わず（来る者は拒まず）（2016　来者不拒）　藍より青し（青は藍より出でて藍より青し、2019　青出于蓝而胜于蓝）　井の中の蛙大海を知らず（2019　井底之蛙）

そして、中国語由来でありながら、省略形を用いるものもあった。

　　藪蛇（藪をつついて蛇を出す、2019　打草惊蛇）　類友（類は友を呼ぶ、
　　2019　物以类聚）

　一方、非中国語由来の和語慣用表現については、文字通りに意味は理解
できるが、一定の文字数が要求される「下手な鉄砲も数撃ちゃあたる／金
の切れ目が縁の切れ目／馬鹿は死ななければ治らない」は学習者による能
動的な産出は難しいと予想される。また、比喩型の「袋のネズミ／金のな
る木／鳶が鷹を生む」や、文化的要素が含まれる「村八分／内弁慶」など
も当然のことながら、レベルの高い学習者にとっても使いこなすのは容易
ではない。

2.　中国語の慣用表現の影響を受けての日本語の産出について
2-1　日中両言語における「慣用表現」

　王（2013）で示された図 1 を確認しても、本章でいう「慣用表現」に関
連する両言語における術語が種々雑多で、その対応関係が一様に定め難い
ことがわかる。

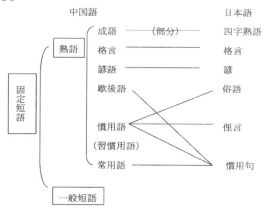

図 1　日中両言語における慣用表現に関する術語の対応関係（王 2013：25）

2-2　中国語の慣用表現の影響を受けての日本語産出の問題点

　慣用表現の特色として「効率的に表現できること」「インパクトが大きいこと」「ぴったりしたイメージとニュアンスを表すこと」の3つが挙げられよう。

　中国語における「慣用表現」の使用頻度は日本語のそれに比べ、圧倒的に高い[11]。たとえば、「頻繁に」という副詞をとっても、中国語では"三天两头"のような四字熟語が用いられる。日本語では「約束」の二文字で済まされるところを、中国語では"约法三章"のようにやはり四字熟語が多用される。「我先に」も中国語では"争先恐后"のように「先を争う」「後ろを恐れる」と同じ構成の二字漢語が合わさって四字熟語が用いられている。そして、書き言葉や改まった場面に限定されることなく、日常会話の場面でも慣用表現が多用されるという中国語の特徴が認められる（張2012）。中国語の日常会話では慣用表現しか使わない、またはそのニュアンスは慣用表現でしか表せない場合がある（吃不到葡萄说葡萄酸（一緒に葡萄を食べさせてもらえないから、その葡萄が酸っぱそうだから要らないと強がる→自分のものにならないものを悪く言う／妬み嫉み）[12]／狗改不了吃屎（犬はいくら躾をされても排泄物を舐めることをやめない→全く反省していない）／烂泥扶不上墙（質のよくない泥を壁に塗ってもくっ付かない→素質のない者にはいくら教えようとしてもどうにもならない）／狗眼看人低（犬が飼い主にはしっぽを振るのに、乞食をみて吠えるのと同様、人を見下す→人をみて自分より下だと思う人を見下す）。こうした場合において、学習者が中国語の慣用表現を訳せなかったり、なんとか直訳または言い換えで訳しても伝わらなかったりするという実態が、これまでの研究で見過ごされてきた[13]。具体的には以下のように「訳せない場合」と「直訳または言い換えで伝わらない場合」とに大きく分けられる。

11　牛（2021）は映画の字幕を用いてこの点を検証した。
12　矢印の前は筆者による直訳または意訳。これに対し、矢印の後ろは日本語らしい日本語訳であるが、日本語に対する慣用表現の有無は問わない。
13　学習者しか知り得ないポイントであることに加え、研究手法が確立されていないことも研究が全く進められていない原因であると思われる。

2-2-1　訳せない場合（日本語の言い方を知らない場合）

　劉データには、「訳せないもの」として以下の語がみられた。ここでい
う「訳せない」とは、"天壌""摇钱树""参差"のような中国語の慣用表
現またはその一部の日本語の言い方がそもそもわからず、日本語にできな
いということである。

　　漢語　雲泥の差（2019　<u>天壌之別</u>）
　　和語　金の成る木（2016　<u>摇钱树</u>）　ピンからキリまで（2019　<u>参差</u>
　　不齐）

　中国特有のもの（ex.「<u>瓮中捉鳖</u>（袋のネズミ）」）や、概念（ex.「<u>故弄</u>
<u>玄虚</u>　（いろいろな手を使って人を煙に巻く、簡単なことをことさら難し
く見せる）」）などが含まれる慣用表現が特に訳しにくい。また、「人来疯（思
いつき）／暴发户（成り金）／铁公鸡（どケチ）／耳边风（聞き流す）／
对鸡眼（寄り目）／受委屈（泣き寝入りなどで悔しいまたはつらい思いを
する）」のような 3 文字の慣用表現に訳せないものが多い。

2-2-2　直訳または言い換えで伝わない場合

　「直訳または言い換えで伝わらない場合」はさらに「正しい日本語を産
出できない場合」と「日本語らしい日本語にならない場合」の 2 つに分け
られる。

2-2-2-1　正しい日本語を産出できない場合

　大学時代の同級生が会話の練習の中で「一人っ子政策」を取り上げよう
としたが、中国語の「計画生育」をそのまま音読みにしていたことを懐か
しく思う。筆者自身中国語の"悪性循環"をそのまま日本語にして発話し
たことがあった[14]。正しい日本語を示せば「悪循環」または「負の連鎖／

負のサイクル／負のスパイラル」となる。

　　悪循環（2014　＊悪性循環）

　もう1例を挙げる。日本語にも「僥倖」という語はあるが、使用されることが少ない。中国語の"僥幸心理"をそのまま音読みにして発話しても自然な日本語にはならない。「行きあたりばったり／一か八か／運任せ」といった言い方を覚える必要がある。
　このように、「正しい日本語を産出できない場合」は、中国語をそのまま音読みにしたケースとして多く見受けられるが、それは慣用表現に限らない。従来の研究でよく言われる中国語による負の転移の1つであるが、慣用表現に特化した考察はなされていない。

2-2-2-2　日本語らしい日本語にならない場合

　劉データには注目されるべき以下の2例がある。

　　大人気ない（2015、「有失身份」）
　　現実から目をそらす（2019、＊自分で自分を欺く、「自欺欺人」）

　筆者が会話の中で、中国語の"有失身份"と"自欺欺人"のニュアンスを表そうとしてそれぞれ「身分を失ってしまう」と「自分で自分を欺く」と日本語母語話者に伝えたものの、ポカーンとされた実体験である。筆者自身は文法的誤用のない訳をしたつもりであったが、会話の前後に文脈があっても日本語母語話者には意味が通じなかったというコミュニケーション上の大きな事故であったとも言える。日本語らしい日本語ではそれぞれ「大人気ない」と「現実から目をそらす」となる。前者は語レベルの対応で解決できるのに対し、後者は日本語らしさを有する訳し方（説明）が

14　4文字であるが、慣用表現とされない「脂性肌（2019、＊油性皮膚）／肉体労働（2018、＊体力労働）」のようなものもあった。

求められる。もう少し用例を追加して説明しよう。たとえば、"长眼了吗"
"恶人先告状"を「目がちゃんとついているか」「悪者が先に訴えを起こす」
と訳しても日本語母語話者に伝わらない。「お前の目は節穴か」「訴えたも
ん勝ち」のように「節穴」「〜もの勝ち」のような語を習得していること
が前提条件である。これに対し、日本語母語話者に理解してもらうために
は、"狗改不了吃屎"についても「犬はいくら躾をされても排泄物を舐め
ることをやめない」と直訳するのではなく、「馬鹿に付ける薬はない」「馬
鹿は死ななければ治らない」、ひいては「全く反省していない」「学習能力
がない」のように日本語らしい訳にすることが重要である。

　そもそも中国語の慣用表現は概ね「説明型」と「比喩型」に二分でき
る[15]。そこにさらに文化的な要素が絡む場合がある。前者は文字通りの意
義が重要で、そして後者は比喩や文化などに注目する必要がある。以下、「字
義」「比喩」「文化」などの観点から概観する。

a.　字義 [16]

　文字通りに訳すだけで意味が伝わる場合も当然ある。たとえば、日中同
根の場合である。たとえば、「五十歩を歩いた人が百歩を歩いた人のこと
を嘲笑う」と言えば、日本語にも中国語由来の「五十歩百歩」があるため、
全く問題にならない。このほか、"火上加油（火に油を注ぐ）／如鱼得水（水
を得た魚のよう）／井底之蛙（井の中の蛙大海を知らず）／恩将仇报（恩
を仇で返す）"なども挙げられる。また、"积少成多"のような説明型のタ
イプも「少しずつ集めていけば多くなる」のように訳しておけば、日本語
の「塵も積もれば山となる」が想起されるため、意味が難なく通じる。"进
退两难（進むのもバックするのも難しい→ジレンマに陥る／身動きが取れ
ない）／知难而退（難しい状況にあることを理解して諦める→諦める）／
省吃俭用（食べるのも使うのもできるだけ節約する→倹約）／轻而易举（軽

15　劉（近刊）を参照されたい。
16　派生義と比喩の連続性にも注意する必要がある。

く持ち上げられる→極めて簡単なこと）／遍体鱗傷（全身が傷だらけ→傷だらけ／満身創痍）／不懂装懂（知らないのにわかっているふりをする→知ったかぶり）／一摸一様（全く同じ→瓜二つ）／見死不救（死にそうな状況を見過ごす→見殺しにする）／少年不努力老大徒伤悲（若いときに努力しないと大人になったら苦労する→若い頃の苦労は買ってでもしろ）／体无完肤（体にまともな皮膚が残っていない→傷だらけでひどい怪我している様／完膚なき様）／废寝忘食（寝るのも食べるのも忘れる→寝食を忘れる）／知己知彼百战百胜（相手のことをしっかり把握した上で戦えば全勝する→己を知り敵を知るものは，百戦して危うからず）"のように、決して例が少ないわけではない。しかし、劉データにあったような以下の例に関しては字義通りでは通じない可能性が高い。

　　寄らば大樹の陰[17]（2019　大树底下好乘凉）

　字義を忠実に日本語に訳した場合、たとえば「大きな木の下のほうが涼をとりやすい（涼をとるのに適している）」をいうだけでは日本語話者に理解してもらえない。ほかに"无病呻吟（病気でもないのにしんどそうにわめく→かまってちゃん）／装疯卖傻（わざとおかしいふりをする→とぼける）／水土不服（土地の水と土に合わないまたは慣れていない→馴染めていない）"を挙げることができるが、文字通りの情報だけではなく、そこから派生する中国語的な発想に対する説明が必要である[18]。

17　「長い物に巻かれろ」もある。
18　字義で通じるかどうかについて中間的なものとして"强词夺理（強い口調で正しいのは自分側だと主張する→屁理屈で自分を正当化する）／得寸进尺（一寸をもらったらさらに尺を欲しがる→強欲）／无理取闹（理由もなく、駄々をこねる→わがままを言う）／耍小脾气（不機嫌になる→すねる）／笑掉大牙（歯が取れるほど笑える話→呆れるほどおかしい話／臍で茶を沸かす）／一举一动（手などを挙げたり動かしたりするちょっとした動き→（相手の）動向のすべて）／忘恩负义（恩義を忘れる→恩知らず）／自作自受（自分でやったことのせいで悪い結果が自分に返って来る→自分で蒔いた種／自業自得）／以柔克刚（柔軟さが硬さを上回って勝つ→柔よく剛を制す）／举手投足（手や足を挙げたりする→一つ一つの行動／一挙手一投足）"などが挙げられる。

b. 比喩（発想）

　慣用表現には比喩を伴うものが極めて多い。日中両言語における比喩の発想が異なっても、直訳を聞いてその例え方が共感できれば、学習者の言おうとする内容が伝わる場合も少なくない。たとえば、中国語の"矮个子里面挑个儿高的"を直訳した「高い人はいないから、背の小さい人を選ぶしかない」と言えば、日本語母語話者には「団栗の背比べ」が想起され、学習者の意図する意味が伝わる。"大海捞针（海の中で針を探す→大海に沈んだ針を探すように極めて難しい）／易如反掌（手のひらをひっくり返すようで極めて簡単→簡単すぎる）／不费吹灰之力（灰に息を吹きかけるくらい簡単→いたって簡単）"なども理解できるものであろう。しかし、中国語の慣用表現のうち、一定の説明を加えないと日本語母語話者に共感してもらえないものが多い。たとえば、日本語は「出る杭は打たれる」であるが、中国語では頭1つ飛び出ている鳥が狙われやすいという例え方をする。中国語的な発想に基づく比喩で、日本語母語話者が共通して共感できないものは、直訳または言い換えでは伝わらない可能性が高い。この点について劉データに以下の例がみられる。両者はともに比喩型で日中両言語において対応のあるものを確認すれば一目瞭然である。

　　出る杭は打たれる（2015　枪打出头鸟）
　　鳶の子は鷹にならず（2019　鸡窝里飞不出凤凰）

　ほかに"狗嘴里挑不出象牙（犬の口からは高価な象牙は出てくるわけがない→そのレベルの人間は所詮その程度の行動しか取れない）／唯恐天下不乱（天下が乱れないことを恐れ、天下が乱れるように画策する→裏でかき回そうとする／輪を乱そうとする）／小菜一碟（すぐ作れるおかずのようで簡単なこと→簡単なこと）／打肿脸充胖子（顔をパンパンに叩いて腫れさせて自分は太っていると言い張る→見栄っ張り）／恨铁不成钢（期待した相手が、鉄がなかなか鋼にならないようで悔しい思いをする→期待外れ／期待するだけ無駄だった）"を例として挙げることができる[19]。

c. 文化

　以下の実例で示されるように、筆者は「噂をすれば（影が差す）」を知っておらず、絶妙なタイミングで話題の人物が現れる意を表す中国語 "说曹操曹操到" を「曹操の話をしていたら、曹操が現れる」と直訳していたのである。曹操は言わずもがなの『三国誌』に登場する有名な人物である。日本でも全く馴染みがないというわけではない。

　　噂をすれば影が差す（2019　说曹操曹操到）

　中国の文化的要素の含まれる慣用表現をそのまま直訳または言い換えで日本語を産出しても往々にして日本語母語話者に伝わらない場合がほとんどである。たとえば、「陪太子读书（皇太子に付き添って一緒に勉強するだけの立場→参加賞）／皇帝不急太监急（皇帝はのんびりしているが、宦官は焦りまくっている→周りが気をもんでいるのに当事者はそうじゃない）／鸡窝里飞不出凤凰（鶏の巣から鳳凰が飛び出るはずがない→トンビは鷹を生まない／蛙の子は蛙）／班门弄斧（魯班というこの手の名人の前で斧を見せびらかす→身のほど知らず）／临时抱佛脚（試験などの直前で仏の足に抱きついてお祈りする→苦しいときの神頼み）／泥菩萨过江自身难保（泥で作られた菩薩像が川を渡るようで自分のことも守れない→人のことを心配している場合じゃない・己の頭の蠅を追え）／只许官兵防火不让百姓点灯（官の兵士は放火しても許されるが、百姓は明かりを灯すのも禁ずる→他人に厳しく、自分に甘い）／占着茅坑不拉屎（用を足すのでも

19　比喩関連で通じるかどうかについて中間的なものとして "拔苗助长（苗を引っ張って少し成長を助けようとする→良かれと思ってやったことが悪い結果を招く）／翅膀硬了（翼が固くなった→言うことを聞かなくなる）／骑虎难下（虎に一度乗ってしまったらなかなか降りられなくなる→引くに引けない／抜け出せない／乗り掛かった舟／雨过天晴（雨が止んで晴れる→台風一過）／雷声大雨点小（雷の音はすごかったが、雨は大したことはなかった→見かけ倒し）／船到桥头自然直（船が埠頭に着くと自然と真っ直ぐになる→何事も最終的になんとかなる／案ずるより産むが易し）／螳螂捕蝉黄雀在后（蝉を捕まえようとする蟷螂が自分の後ろに雀がいることに気づかない→目先のことにだけ囚われず背後にも用心しろ）／姜还是老的辣（生姜は古い方が辛い→さすがベテラン／年の功）／以牙还牙（歯は歯で返す→目には目を、歯には歯を）" などが挙げられる。

なく、トイレの一室に入って出て来ない→能力もなく、仕事もせず、ただポストに着いたまま後進に譲らない）」が挙げられる。これらは次節で提案する訳し方で対応する必要がある。

3.　提案

　直訳または意訳で意味が伝わらないことは、日本語に対応する慣用表現の有無とは直結しない。たとえば、"欲速則不达"は日本語の「急がば回れ」に相当するが、これを知らない学習者もいる。その場合、学習者は直訳または意訳するという方法しかない。直訳では「速さを欲すれば目的を達成することができない」というような訳になるが、日本語母語話者には辛うじて理解してもらえよう。日本語としては「急いては事を仕損じる」や「焦りは禁物」などのほうが自然であろう。こうした日本語母語話者に伝わるような訳をつけられるようになるために、筆者からは以下の2つの訳し方を提案したい。

3-1　提案その一

　字義通り、あるいは比喩で共感が期待できる中国語の慣用表現に関しては、「これは〜のように」と説明を加えたあと、実際の意味（諭す内容など）をつけ加えるという訳し方が考えられる。たとえば、中国語の"以卵击石"を意識しながら日本語を産出する場合、「（弱い我々が強敵の相手に挑むのはまるで）生卵をそのまま石にぶつけるようなもので、つまり、全く相手にならないという意味。」のように言えば、中国語母語話者が言おうとするニュアンスを踏まえた上での日本語となる。

　これに対し、中国語的な比喩や文化が含まれる慣用表現については、「中国語には"…"という言い方があります。」と最初に断り、それを少し噛み砕いて説明した上で、「意味は〜ということです。」と括る必要がある。たとえば、「中国語には"笨鸟先飞"という言い方があります。"笨鸟"は頭の悪い鳥の意味ですが、全体としては、生まれながら運動神経のない小

鳥は自ら早めに飛ぶ練習をするのが重要だという意味です。」と面接でこうした中国語の慣用表現を引用しながら説明すれば、相手に伝わらないことを防ぐだけでなく、自分自身はコツコツ頑張るタイプだとさりげなくアピールもできよう。この訳し方は特に文化が絡むような慣用表現に関して効果的である。

3-2　提案その二

　訳せない要素または訳しにくい要素が含まれる中国語の慣用表現も多い。その場合、思い切った発想転換が求められる。たとえば、"絵声絵色"を直訳した「声を書く、色を書く」を用いても日本語母語話者にはピンとこない。「いきいきと」の語訳または「まるでその場にいたような臨場感」のような意訳が求められる。もう1例を挙げよう。"一敗涂地"については文字通りに「一敗地にまみれる」ではなく、思い切って「ボロ負けを喫す／相手の圧勝」に言い換えればよい。

4.　おわりに

　本章は、劉データを手がかりに慣用表現の学習について考察を行った。その結果、日本語の慣用表現の学習に多くの問題点があることがわかった。中国語母語話者が日本語の慣用表現を学習する際に、読みに注意すると同時に、「字義」「比喩」「文化」などの要素を意識しながら勉強する必要がある。また、従来の研究では触れられてこなかったが、中国語の慣用句は使用場面の多さと使用頻度の高さのどちらも日本語とは比較にならず、そのため、中国語母語話者は中国語の慣用表現の影響を受けて、その直訳または意訳というストラテジーを用いる。しかし、往々にしてその訳がうまく日本語母語話者に伝わらないというコミュニケーション上の「支障」をきたすことがある。この点を克服するために、筆者は学習経験者の視点から2つのモデルを提案した。ただし、根本的にこの問題を解決するには、学習者自身の語学力のレベルアップは必須で、うまく伝わらないという「モヤモヤ

感」（劉 2023）を感じた場合は、その場で表現したい言葉を噛み砕いて説明を行い、日本語母語話者に日本語ではどのように言うかについて一つ一つ確認を重ねていく作業が重要である。

参考文献

今井俊彦（2014）「ことわざ・慣用句」沖森卓也・蘇紅編『中国語と日本語』朝倉書店

王倩（2016）「汉日口译中汉语非成语四字词的口译技巧」『言語と文化』28、立教大学

王天予（2010）「日本語慣用句の研究現状と課題―日本国内の研究と中国での研究を中心に―」『言語教育研究』10、拓殖大学大学院

王天予（2013）『中国人学習者による日本語慣用表現の理解に関する考察―身体部位詞と形容詞からなる慣用表現を対象に―』拓殖大学大学院博士学位申請論文

北澤尚・李琳（2019）「四字熟語の連体修飾における「～ナ」「～ノ」の使用実態」『東京学芸大学紀要　人文社会科学系Ⅰ』70、東京学芸大学

国広哲弥（1985）「（特集　慣用句）慣用句論」『日本語学』4-1、明治書院

朱京偉（2015）「四字漢語の語構成パターンの変遷」『日本語の研究』11-2、日本語学会

蘇振軍（2018）「日本語母語話者と学習者による定式表現の産出過程の研究」『広島大学大学院教育学研究科紀要（第二部）』67、広島大学大学院教育研究科

蘇振軍・畑佐由紀子（2018）「日本語定式表現の処理過程の研究―日本語母語話者と日本語学習者の比較をもとに―」『第二言語としての日本語の習得研究』21、凡人社

張淑倩（2008）「台湾ドラマ『流星花園』に見る現代中国語表現」『湘北紀要』29、湘北短期大学

張麟声（2001）『日本語教育のための誤用分析―中国語話者の母語干渉20例―』スリーエーネットワーク

土屋智行（2020）『言語と慣習性―ことわざ・慣用表現とその拡張用法の実態―』ひつじ書房

陳力衛（2006）『日本の諺・中国の諺―両国の文化の違いを知る―』明治書　　院

牛雨薇（2021）「日中両言語における四字熟語の使用頻度に関する一考察― 欧米文学作品の日中訳本を手掛かりに―」『日本アジア研究』18、埼玉大学大学院人文社会科学研究科

野村雅昭（1975）「四字漢語の構造」国立国語研究所『電子計算機による国語研究Ⅲ』秀英出版

宮地裕編（1982）『慣用句の意味と用法』明治書院

宮地裕（1985）「（特集　慣用句）慣用句の周辺―連語・ことわざ・複合語―」『日本語学』4-1、明治書院

楊華 (2015)「中国語教育における常用四字格の学習―日本語の四字漢語との対照を通して―」『コミュニカーレ』4、同志社大学グローバル・コミュニケーション学会

劉志偉（2022a）「中国語話者上級学習者から見た漢字を伴う和語学習の難点について―日本語学習メモを手がかりに―」『JSL 漢字学習研究会誌』14、JSL 漢字学習研究会

劉志偉（2022b）「中国語話者は「漢字語彙」が読めない―音読みの語をひとまず取り上げて―」『中国語話者のための日本語教育研究』13、中国語話者のための日本語教育研究会

劉志偉（2022c）『学習経験者の視点から見た日本語教育文法―ニア・ネイティブレベルを目指すために―』日中言語文化出版社

劉志偉（2023）「学習過程における「モヤモヤ感」について」『日本語文法』23-1、日本語文法学会

劉志偉（近刊）「対照研究」庵功雄編『学習者の気持ちがわかる日本語教育入門』ひつじ書房

第6章

カタカナ語の学習

はじめに

　語種別では外来語が基本対象であるが、和語のオノマトペはカタカナで標記され、かつ学習が困難な語ととらえて[1]、本章では便宜的に「カタカナ語」を用いる[2]。カタカナ語が学習者にとって語彙習得の難点の1つであることは日本語教育従事者の共通認識であろう。

　本章は、学習経験者の立場から中国語母語話者にとってどのようなカタカナ語が難しいかについて考察を行う。具体的には、劉データに基づいたケーススタディーを通して中国語母語話者にとって難しいカテゴリーはどのようなものなのか、そして学習者が難しいと感じる理由を明らかにしたい。

1. 本章で扱う資料の範囲
1-1　劉データ

　第3〜5章では、2003年〜2020年までのデータを用いて考察を行った。カタカナ語のうちでも外来語を中心に取り上げる本章は劉（2017）をもとにしているため、扱ったデータの範囲は執筆時の範囲（2003年〜2014年）である。主張するポイントに特段影響しないものと考え、そのままにした。なお、後続する第7章、第8章のデータの範囲も同じである。

1　中国語のオノマトペは日本語ほど発達しておらず、VR構造などの構文で対応する場合が多々ある。中国語に対応しない日本語のオノマトペが存在するということである。また、同じ音に対する捉えかたが異なる点も顕著である。たとえば、携帯アプリLINEの着信音の一種に関しては、筆者は「リンリンリン」としか聞こえない（再現できない）のに対し、日本語母語話者は口を揃えて「ピロリロリン」と言う。
2　江戸時代の長崎を経由し、日本語に定着した「ギョウザ」「チャーハン」「マージャン」などが「外来語」という概念に含まれることがあることから、本章では記述の便宜上「カタカナ語」を用いる。

表1　劉データ（2003年〜2014年）

	語彙	詳細	文法	問題意識	小計
2003	15	・キャラクター・関西弁	4	0	19
2004	228	・カタカナ語・品位・暮らし／ファッション／レジャー／若者	50	12	290
2005	91	・アクセント・歌手名（カタカナ表記）・若者言葉	12	12	115
2006	406	・アクセント・歌手名（カタカナ表記）・カタカナ語・慣用句　・教育／教養　・暮らし／レジャー／若者	17	0	423
2007	0	—	2	3	5
2008	135	・書き言葉・カタカナ語	17	2	154
2009	20	・書き言葉	0	14	34
2010	15	・若者・誤推測・うろ覚え	24	7	46
2011	8	・書き言葉	26	1	35
2012	0	—	4	9	13
2013	0	—	14	2	16
2014	524	・アクセント・うろ覚え・誤推測・カタカナ語・教育／教養／暮らし／ネット／ファッション／レジャー／若者	95	13	632
小計	1442		265	75	1782

　表1にある語彙の「詳細」の列を確認すると、カタカナ語が常に語彙学習の難点となっていることがわかる。

1-2　本章の考察対象の範囲

　語彙に含まれる1442語（延べ語数）のうち、重複した語を削除した結果、異なり語数は1380語である。筆者によるタグづけ作業を行った一覧が表2である。

表2　劉データの下位区分1と異なり語数（再掲）

ブロック	内容	下位区分1	語数	小計
ブロック1	学習者が間違えやすいポイント	1-1 うろ覚え	23	132
		1-2 うろ覚えカタカナ	39	
		1-3 誤推測	70	
ブロック2	学習者が自力ではなかなか知り得ない学習ポイント	2-1 アクセント	84	209
		2-2 言語間のずれ	64	
		2-3 日本語内部の選択	38	
		2-4 気になる現象	23	
ブロック3	語彙の形態的特徴（概ね語種別）により学習が困難な語彙	3-1 学習困難—和語	64	397
		3-2 学習困難—漢字	83	
		3-3 学習困難—カタカナ語	172	
		3-4 書き言葉	78	
ブロック4	語彙の使用領域（概ねカテゴリー別）により学習が困難な語彙	4-1 生活領域	148	472
		4-2 社会領域	251	
		4-3 人文領域	38	
		4-4 自然領域	35	
ブロック5	その他（語彙そのものの学習ではない）	5-1 若者表記	11	170
		5-2 カタカナ表記	136	
		5-3 死語	6	
			17	
		計	1380	

　第1章で述べたように、表2のうち、ブロック1とブロック2は筆者が個々の語に対して気になる学習ポイントであるのに対し、ブロック3とブロック4は意味学習を中心とした語彙そのものである。そして、ブロック5は語彙の表記に関するものである[3]。本章の研究目的からここではブロック3と4におけるカタカナ語に焦点を当てる。

3　ブロック5は語彙学習そのものではないため、取り上げない。詳しくは第1章1-1節を参照のこと。

1-3　比較用語彙リスト（砂川データ）

　本章も第1章と同様、日本語母語話者の教師側の指導方針と学習者側の学習要望とのずれを確認するために、「日本語教育語彙表」（ver1.0）を用いて比較する作業を行う。少数ながら、収録された17920語のうち、誤植と思われる見出し語31語を削除した結果、17889語を砂川データの最終的な語数（異なり語数）とした。以下、日本語母語話者の教師の判定による難易度ごとの異なり語数を表3に示す。

表3　砂川データの難易度と異なり語数（再掲）

初級前半	初級後半	中級前半	中級後半	上級前半	上級後半	計
420	790	2297	6451	6373	1558	17889
1210		8748		7931		

2.　どのようなカタカナ語が難しいかとその理由

　カタカナ語学習上の問題点として、母国語の言い方を知っていて日本語では産出できないという問題点のほか、そもそも言葉を耳にしても物自体をイメージすることができないという理解の問題もある。個々の概念が母国語において語として存在するかどうかということと、経験の有無がカタカナ語の習得の成否に大きく関わるものと思われる。中国語母語話者に限って言えば、カタカナ語の習得が難しいとされる主な要因に、「漢字漢語（または和語）を頼りたがる心理」（以下、「漢字語彙利用」と表記する）と「経験不足」との2点が挙げられる。カタカナで表記されるゆえに、カタカナ語の学習過程においては中国語の影響を受けることが少ないと思われがちであるが、本章で示すように中国語母語話者がカタカナ語を学習する際に母語である中国語による負の影響を受けることがある。前者の「漢字語彙利用」（産出中心）がそれである。たとえば、「ビネガー」は「酢」に比べて学習者にとって理解が難しく、産出しにくいカタカナ語である[4]。

4　田中（2016）で指摘しているようないわゆる和語・漢語・外来語の棲み分けの問題もあるが、本章では深入りしない。

一方、後者の「経験不足」(理解中心) については日本語母語話者にとってほぼ誰でも知っているような語であっても学習者が日本語の語彙として「経験」しなければ、理解も産出も困難となる可能性がある[5]。ここでいう「経験」は単なる実体験をしているかどうかだけでなく、話題にあがるなどその言葉に触れる機会の有無を含む広義的な「経験」を指す。

2-1 ブロック3のカタカナ語
2-1-1 語種別にみた劉データのブロック3のカタカナ語

ブロック3は「定型句」も設けられているが、概ね語種別に学習者にとって難しい語が集められている。表4は劉データのブロック3と砂川データとの重複を示している。

表4 語種別にみた劉データブロック3と砂川データとの重複

重複の有無	外来語	漢語	混種語	定型句	和語	総計
1. 初級前半	1					1
2. 初級後半					1	1
3. 中級前半	3			2	4	9
4. 中級後半	32	1			7	40
5. 上級前半	36	4	1		8	49
6. 上級後半	1	2			9	12
重複しない	98	8	17	60	102	285
総計	171	15	18	62	131	397

表4を確認すると、以下の3点が言えよう。

(1) 外来語を中心とするカタカナ語の語数が最も多く[6]、語種別にみてやはりカタカナ語の学習が難しい。

(2) 外来語171語のうち、砂川データと重複しない語が98語に上っ

5　たとえば、中国語での言い方がわからないような「マリネ」「ピクルス」などの食べ物や、「レア」「ミディアム」「ウェルダン (ウェルダム)」のような焼き加減の言い方がそれである。
6　カタカナ表記で和語に区分されたものとして「サンザッパラ (2014)」の1語が存在する。

ており、約57％にも相当する。砂川データは上級までの語彙リ
ストであり、ニア・ネイティブレベルを目指す場合、劉データに
あるカタカナ語の数だけを確認しても普段指導に用いられている
日本語母語話者の教師側が選定した語彙リストではカバーできな
い語が多くあることがわかる。
（3）上級前半と後半のみならず、日本語母語話者の教師側が中級と判
定した語彙でもすでに上級レベルに達した学習者にとって難しい
と感じる語が少なくない。言い換えれば、中国語を母語とする日
本語学習者にとって日本語母語話者の教師側が思っている以上に
カタカナ語が難しいということになる。

2-1-2　ブロック3のカタカナ語がなぜ難しいのか

　前述の通り、中国語母語話者にとってカタカナ語が難しいと感じられる
主な要因として「漢字語彙利用」と「経験不足」との2つが挙げられる。
筆者の内省に基づき、タグづけ作業を行った結果を下の表5にまとめた[7]。
表5をみてわかるように、「経験不足」に起因するものも多いが、「漢字語
彙利用」によるものが特に多いと言えよう。

表5　ブロック3のカタカナ語が難しい理由

重複の有無	漢字語彙利用	経験不足	その他	総計
1. 初級前半			1	1
3. 中級前半	2		1	3
4. 中級後半	18	5	9	32
5. 上級前半	29	6	1	36
6. 上級後半	1			1
重複しない	59	30	9	98
総計	109（63.7%）	41（24.0%）	21（12.3%）	171

7　「アンチ」という当時の筆者にとって難しかった語を記録する際に、その対義語として「ファ
ン」という語もメモに書き残されている。「ファン」という語は特に筆者にとって難しかった
わけではないが、データとして整理する際にはリストアップすることとした。このような語に
対しては「その他」に区分する。

また、厳密な品詞分類ではないが、用法と意味を総合的に区分した「品詞別」にまとめた表6を次に挙げる。後述するブロック4の名詞のほとんどが具体名詞であるのに対し、ブロック3にある名詞は概ね抽象概念に近いもの（イメージしにくい具体名詞もある）に属する。「形容詞相当」の語も抽象的な意味を表すことを考え合わせると、抽象概念を表すカタカナ語に関して中国語母語話者は漢字語彙を使いたがる傾向が特に顕著であると考えられる。その結果、経験不足による未習のカタカナ語はもとより、既習のカタカナ語に関しても産出するどころか、理解するのにも支障をきたしてしまう場合もある。

表6　品詞別にみたブロック3にあるカタカナ語が難しい理由

理由／品詞別	形容詞相当	名詞相当 （抽象概念が多い）	動詞相当	総計
漢字語彙利用	42	61	6	109
経験不足	5	32	4	41
その他	18	3		21
総計	65	96	10	171

2-2　ブロック4のカタカナ語
2-2-1　語種別にみた劉データのブロック4のカタカナ語

上のブロック3と同様、ブロック4についても砂川データとの重複を確認しつつ、語種別にまとめた。次の表7である。

表7　語種別にみた劉データブロック4と砂川データとの重複

重複の有無	外来語	漢語	混種語	定型句	和語	総計
2. 初級後半	1				1	2
3. 中級前半	6				1	7
4. 中級後半	31	3	2		5	41
5. 上級前半	27				9	36
6. 上級後半	2	1	1		6	10
重複しない	221	15	44	15	81	376
総計	288	19	47	15	103	472

表7をみると、ブロック4にあるカタカナ語について以下の3つの特徴が挙げられるが、2-1-1で確認したブロック3の特徴とほぼ一致するものである。

（1）外来語を中心とするカタカナ語の語数が圧倒的に多い。
（2）劉データにおけるブロック4のカタカナ語が砂川データと重複しない語が多い。
（3）砂川データと重複する語のうち、上級前半と後半のみならず、日本語母語話者の教師側が初級・中級と判定した語も多く含まれている。

2-2-2　ブロック4のカタカナ語がなぜ難しいのか

ブロック4についても学習が困難と思われる理由別に筆者がタグ付け作業を行った。その結果は表8の通りである。この表8と上の表5を比較すると、ブロック3においては「経験不足」によるものは24.0%だが、ブロック4の場合は「経験不足」によるものが88.9%に達しており、「漢字語彙利用」の10.8%に比べて圧倒的な差とも言える[8]。

表8　ブロック4のカタカナ語が難しい理由

重複の有無	漢字語彙利用	経験不足	その他	総計
2. 初級後半			1	1
3. 中級前半	2	4		6
4. 中級後半	3	28		31
5. 上級前半	3	24		27
6. 上級後半		2		2
重複しない	23	198		221
総計	31 (10.8%)	256 (88.9%)	1 (0.3%)	288

8　中国語母語話者はアルファベットの「J」「Q」「K」と言う場合がある。トランプの「ジャック」「クィーン」「キング」、コーヒーのサイズの「ショート」「トール」「グランデ」「ベンティ」がそれである。経験不足とも切り離せない関係にある。

また、「品詞別」にまとめた表9を確認すると、ブロック4の語はほとんど名詞であることがわかる。ブロック3において「経験不足」によるもののうち、名詞が多いことに加えて（表6）、表8と表9の結果を考え合わせると、「経験不足」が名詞の学習を阻む最も大きな要因であると考えられる。

表9　品詞別にみたブロック4にあるカタカナ語が難しい理由

理由／品詞別	ナ形容詞	定型表現	動詞3	名詞	総計
漢字語彙利用				31	31
経験	1	1	5	249	256
その他				1	1
総計	1	1	5	281	288

2-2-3　カテゴリー別にみた劉データのブロック4のカタカナ語

ブロック4がほとんど名詞であることからここではカテゴリー別にその詳細を確認しておく。「経験」といっても学習者の生活スタイルや文化習慣など複数の要素が関わっており一概には言えないが、学習者にとって苦手なカテゴリーがあることも否めない事実である。筆者の実体験を踏まえた上でカテゴリー別にブロック4を表10にまとめた[9]。

表10を確認すると、筆者の実際の経験によってカテゴリー別に数にばらつきが確認できる。しかし、数が少ないからといって、決してそのカテゴリーの語の学習が容易であることを意味するものではない。なぜならば「上位名詞だけでは不自由であること」「固有名詞も学習者にとって立派な語彙であること」を総合的に考えなければならないからである（劉2016）。また、国別・学習環境・学習目的など個人差を考慮に入れなければならないことは言うまでもない。ここでは語数のばらつきというより、カテゴリーの有無のほうが重要であることを強調しておきたい。

9　ここでは敢えて国立国語研究所（2004）『分類語彙表』にある詳細な分類を取らない。網羅的に分類することにより、学習者にとって特に難しいカテゴリーが逆に埋もれてしまうからである。学習者の見地から学習者の主観に基づく区分を行ったのである。

表10　カテゴリー別にみたブロック4のカタカナ語

下位分類2／下位分類1	4-1 生活領域	4-2 社会領域	4-3 人文領域	4-4 自然領域	総計
日常文化情報		29			29
IT 関係		18			18
暮らし・生活用品	18				18
お洒落・衣服類	17				17
スポーツ		17			17
音楽・歌手		16			16
品位に欠ける表現		16			16
飲食・洋菓子	15				15
お洒落・ブランド名	12				12
飲食・料理名	11				11
人物			10		10
暮らし・ペット	10				10
自然				9	9
キャラクター		8			8
お洒落・アイテム	7				7
地理知識			7		7
貨幣			6		6
遊び		6			6
飲食・加工食品	5				5
生物				5	5
飲食・食材	4				4
若者言葉		4			4
暮らし・健康	4				4
暮らし・選択行動	4				4
お洒落・帽子	3				3
サイエンス・化学物理				3	3
世界遺産知識			3		3
買い物・商品名	3				3
お洒落・靴	2				2
お洒落・柄	2				2
楽器		2			2
作品			2		2
植物				2	2
買い物・商業施設	2				2
お洒落・ヘアスタイル	1				1
サイエンス・記号				1	1
サイエンス・数学				1	1
飲食・飲み物／調味料	1				1
飲食・果物	1				1
歴史知識			1		1
総計	122	116	29	21	288

3. おわりに

　本章は劉データと日本語母語話者の教師による難易度の判定が施されている砂川データとの比較を通して、以下の2点が明らかになった。

（ⅰ）両者の間に重複しない語彙が多く、ニア・ネイティブレベルを目指す場合、砂川データでいう上級後半レベル以上の語彙は通常の語彙リストではカバーしきれない面がある。また、品詞別でみた場合、カタカナ語の学習が重大な難点の1つである。

（ⅱ）語彙の形態的特徴からはカタカナ語の形容詞に代表されるように日本語化したカタカナ表記の抽象概念も中国語母語話者にとって特に難しい。語彙の使用領域からカタカナ語の具体名詞をみた場合、学習者にとって苦手なカテゴリーが多く存在する。カタカナ語の学習を阻む理由としては、中国語を母語とする日本語学習者が同義または類義の漢字語彙を頼ろうとする心理と経験不足とが考えられる。

　カタカナ語の学習を改善するためには、カタカナ語を多く取り入れた教材開発が求められる。筆者はここで語彙学習においてもカタカナ語学習に代表されるように、母語の違いに応じて指導する必要があると主張しておきたい[10]。さらにこれまで重要視されてこなかった日本語教育界の社会問題とも言える教材の陳腐化を根本的に改善していくためには、筆者はインターネット教材の開発を学習者の要望としても強く希望する。具体的には、形容詞系列に代表される抽象概念を表すカタカナ語については、使用頻度などに基づいて和語の形容詞を中心に多く取り入れている現行の教材も無論重要であるが、カタカナ語の形容詞をふんだんに取り入れたいわば従来型ではない教材も、極力ネイティブレベルに近づこうとする学習者に用意すべきである。なぜならば同義または類義の漢字語彙の学習に気を取られ

10　母語の違いに応じた文法指導については庵功雄氏による一連の研究がある。

てカタカナ語の学習が疎かになってしまうからである[11]。

　一方、カタカナ語の具体名詞に関しては、山内（2013）を発展させ、カテゴリー別に学習者にとって経験不足に陥りがちな語彙を図鑑式提示でインターネット教材(e ラーニングの教材・学習教材)に取り入れる。インターネット教材の開発により日本語教材の陳腐化という重大な問題点を解消することができるだけでなく、学習環境に制限があって経験不足になる海外での学習との差を縮めることもできる。特に専門教育のための語彙[12]より、基礎教育・教養としての語彙へのシフトが重要であると思われる。そしてその語彙選定は、日本の中学校・高校で用いられている社会や理科などの教材を視野に入れるべきである。学習者は、日本の中学校・高校での学習経験がないため、母語話者にとって誰でも知っているような基礎知識・教養の語彙の日本語の言い方を知る機会がほぼないからである。

　勿論、上記の生活領域・社会領域については、学習者の生活環境、交友関係、個人の趣味などの差を考え合わせる必要がある。また、人文領域・自然領域については、学習者の専門による個人差が認められる。そして、固有名詞を語彙としてどのように扱うか[13]についても考えなければならない。このように、実際に教材を開発するにあたっては多くの課題が残されているが、学習者側の視点と要望を取り入れつつ、日本語母語話者の教師側が主導してこれらの課題を乗り越えていかなければならない。

11　逆の場合がないわけではない。たとえば、ヒアリング上では「不正行為」より「カンニング」のほうがわかりやすい。語彙教育の成果によるものと思われる。カタカナ語を教材に取り入れる必要性の証左の１つである。

12　専門日本語教育を否定するものではない。筆者自らの経験からすれば、受験、そして入学後、個人の努力と研究室の環境で専門語彙の学習は特に問題にならないものと思われる。

13　固有名詞までは教材に取り入れる必要がないというのは日本語母語話者の教師側の視点である。むしろこれらの語彙は学習者による自然習得では限界があり、日本語母語話者の教師側の手助けを要するものである。無論、固有名詞などを取り入れるとキリがないという意見もあろうが、インターネット教材形式ではこの点も克服できるものと考える。

参考文献

石綿敏雄（2001）『外来語の総合的研究』東京堂出版

楳垣実（1963）『日本外来語の研究』研究社

王伸子（2011）「中国語母語話者の日本語外来語彙習得に関する諸問題」『専修人文論集』88、専修大学

カッケンブッシュ寛子・大曽美恵子（1990）『日本語教育指導参考書16　外来語の形成とその教育』大蔵省印刷局

国際交流基金・日本国際教育協会編著（1994）『日本語能力試験出題基準』（改訂版2004）、凡人社

国立国語研究所（1984）『国立国語研究所報告78　日本語教育のための基本語彙調査』

国立国語研究所編（2004）『分類語彙表』（増補改訂版）、大日本図書

Giovanni Borriello・Daniele Petrella・袁華清（2012）『日語主題分類図解詞典』北京語言大学出版社

章輝夫ほか（1990）『中日分類辞典』外文出版社

陣内正敬（2008）「日本語学習者のカタカナ語意識とカタカナ語教育」『言語と文化』11、関西学院大学

陣内正敬・田中牧郎・相澤正夫（2012）『外来語研究の新展開』おうふう

田中牧郎（2016）「外来語にどう対応すべきか」『日本語学』35-7、明治書院

樋口万喜子・古屋恵子・頼田敦子編（2011）『進学を目指す人のための教科につなげる学習語彙6000語（日中対訳)』ココ出版

プレムモトワニ（1991）「日本語教育のネック―外来語―」『日本語教育』74、日本語教育学会

森山卓郎（2012）『日本語・国語の話題ネタ―実は知りたかった日本語のあれこれ―』ひつじ書房

山内博之編（2013）『実践日本語教育スタンダード』ひつじ書房

李視岐（1985）『日本語外来語』山西人民出版社

劉志偉（2015）「原語表記からカタカナ語への再現―中国語話者の場合―」『人文学報』512-7、首都大学東京人文科学研究科

劉志偉（2016）「第5章　学習者から見た語彙シラバス」森篤嗣編『ニーズを踏まえた語彙シラバス』（現場に役立つ日本語教育研究シリーズ　第2巻）、くろしお出版

劉志偉（2017）「学習経験者の視点から見た立体的な語彙学習について―中国語話者の
　　個人学習メモを手がかりに―」『人文学報』513-7、首都大学東京人文科学研究科

付録：ブロック３とブロック４のカタカナ語一覧

・ブロック3（基準）

アクティブ（活動的、2006、中級後半）、アグレッシブ（活発的、2014）、アクロバット（曲
芸師、2006）、アクロバティック（離れ技のような、2006）、アトランダム（無作為的、
2008）、アブ［アブノーマル］（非、2006）、アンチ（反、2006、上級前半）、アンティー
ク（骨董品、2004、上級前半）、ウェット（濡れている状態、2006）、エキセントリッ
ク（奇怪な、2014）、エキゾチック（異国風の、2006）、エゴ（自己中、2006、上級前半）、
カオス（混沌な、2014）、カジュアル（普段の、2014、中級後半）、グローバル（世界的、
2004、中級後半）、サブ（補佐的、2008、上級前半）、シビア（厳しい、2014、中級後半）、
シュール（奇抜的、2014）、スタティック（静的、2004）、ストイック（自分に厳しい、
2006）、スマート（賢く、2014、中級後半）、スリム（簡潔、2014、中級前半）、セン
シティブ（神経質な、繊細な、2006）、タイト（きつい、2008）、ダイナミック（壮大
な、2004、上級前半）、タフ（頑丈な、2004、中級後半）、デイリー（日常の、2004）、
ドライ（乾燥・冷たい、2006、中級後半）、ナイーブ（繊細な、2006）、ニュートラル（中
立的、2004）、ネガティブ（消極的、2004、上級前半）、ノーマル（普通の、2006、中
級後半）、バーチャル（仮想世界、2004）、パッシブ（受動的、2006）、ビジュアル（外
見、2004、中級後半）、フォーマル（形式的、2014、中級後半）、ポジティブ（積極的、
2004）、マニアック（専門的、2004、中級後半）、ランダム（無作為、2006、上級前半）、リー
ズナブル（経済的、2014）、レトリカル（修辞的、2008）、ローカル（地方の、2004、
上級前半）、アクション（行動、2006、中級後半）、アマチュア（未熟な、2004、中級
後半）、アンチエイジング（若返り、2014）、インスピレーション（直感的、2014）、
インテリ（知識人、2004、上級前半）、イントロダクション（入門、2004）、エイジン
グ（老化、2014）、エゴイズム（自己中心主義、2006）、エコー（反響、2006、上級前半）、オー
ディエンス（観客、2008）、オブラート（曖昧な、2014）、コスモポリタニズム（世界
市民主義、2008）、コンサイス（簡潔・簡明、2004）、コントラスト（明暗、2014、上
級前半）、コンプライアンス（法令遵守、2014）、サブカル（副次文化、2006）、シーソー

ゲーム（拮抗した駆け引き、2006）、ジェラシー（嫉妬、2004）、シチュエーション（場面、2004、中級後半）、ジュニア（子供、2008、中級前半）、シルエット（陰影、2014、中級後半）、スリル（恐怖、2004、中級後半）、ダイジェスト（要約、2004、上級前半）、タブー（禁断の、2004、中級後半）、デジャヴ（既視感、2006）、デトックス（毒素を排出、2014）、デリカシー（配慮、2008）、テリトリー（縄張り・領域、2004）、ドッペルゲンガー（分身、2014）、トリプル（3つの、2004、中級後半）、ネームバリュー（知名度、2010）、ネオコン（保守派の、2004）、パイオニア（開拓者、2014、上級前半）、パラレルワールド（並行世界、2014）、バロメーター（指針・指標、2006、上級前半）、ピリオド（終止符、2004）、ファンタジー（幻想的、2008、上級前半）、ブランク（空白、2014、上級前半）、ブレーン（頭脳、2006、上級前半）、ブレーンストーミング（集団思考、2006）、プレゼンス（提供、2004）、ペイオフ（預金保険、2006）、ベクトル（方向性・次元、2006、上級前半）、ペナルティ（罰、2004、上級前半）、ボキャブラリー（語彙、2008、上級前半）、ポテンシャル（潜在能力、2006）、マジョリティ（多数派、2004）、メッカ（聖地、2006）、メルヘン（空想世界、2006）、モノトーン（単調、2006）、モラトリアム（先延ばし、2014）、ユートピア（桃源郷、2014）、リアクション（反応、2003、上級前半）、レイオフ（一時的な解雇、2006）、レジェンド（伝説、2014）、レスポンス（反応、2004）、レッテル（評価、2006、上級前半）、レトリック（修辞、2008）、レファレンス（参考・参照、2004）、レプリカ（模倣品、2014、上級後半）、インプット（吸収・理解、2009、上級前半）、エスカレート（段階的に増大または激化すること、2004、上級前半）、オーバーヒート（加熱、2008、上級前半）、スライド（平行移動、2008、上級前半）、ノミネート（選考、2006、上級前半）、ブレンド（混ぜる、2008、上級前半）、クレーター（凹凸、2006、上級前半）、コードレス（無線、2014）、スタイリッシュ（お洒落な、2014）、ハスキー（かすれた、2014）、ヒステリック（異常な興奮状態、2014、上級前半）、マッチョ（筋肉隆々、2004）、アイテム（道具、2006）、アダルトチルドレン（ピーターパン症候群の大人、2004）、イニシャル（頭文字、2006、中級後半）、オーシャンビュー（海の景色が見える場所、2014）、カースト（階級社会、2014）、カウンセリング（相談、2004、中級後半）、カリスマ（突出した、2004）、キックバック（見返り、2004）、キャッチフレーズ（宣伝文句、2004、上級前半）、クウォーター（四分の一、2004）、クオリティー（質、2006）、コスプレ（変装、2004）、コメディ（喜劇、2006）、サプライズ（驚き、2004）、ジェスチャー（動作、

2014、中級後半)、シニア（老年層、2004)、ジンクス（言い伝え、2014、上級前半)、
ステータス（地位、2014、上級前半)、スパルタ（厳しい教育、2006)、スランプ（調
子の悪い時期、2014、上級前半)、セレブ（金持ち、2004)、セレブリティー（金持ち
の、2004)、デポジット（保証金、2014)、トラウマ（心的外傷、2014)、バイリンガ
ル（2カ国語話者、2004、中級後半)、ビージーエム（背景曲、2006)、ブーイング（や
じ、2004、上級前半)、プラトニック（精神面のみの繋がり、2006)、ミーハー（物好き、
2004)、メタボリズム（肥満、2006)、メンタリティー（精神面、2004)、ユース（青年、
2006)、アイコンタクト（目を合わせる、2004)、シャッフル（混ぜ合わせる、2014)、
スキップ（跳ね回る、2008、中級後半)、スキンシップ（触れ合い、2005)、オリジナ
ル（独創的、2014、中級後半)、カラフル（色とりどり、2014、中級後半)、キュート
（可愛い、2014、中級後半)、クレイジー（異常、2014)、シャイ（恥ずかしい、2014、
中級後半)、スーパー（超、2014、中級後半)、スピーディー（迅速、2014、中級後
半)、セクシー（性的魅力、2014、中級後半)、ナチュラル（自然な、2014、中級後半)、
ネイティブ（自国の、2014)、ハード（きつい、2014、中級後半)、ハイ（興奮状態、
2014、初級前半)、プリティー（可愛い、2014)、フレンドリー（友好的、2014)、ヘルシー
（健康的、2014、中級後半)、ホラー（恐怖、2014)、メイン（主な、2008)、ロマンチッ
ク（浪漫、2014、上級前半)、ハイテンション（興奮状態、2014)、ファン（応援者、
2006)、リスナー（聞き手、2006)

・ブロック4（カテゴリー名を【　】内で示す。ただし、【品位に欠ける表現】は省く。）
【若者（言葉）関係】キャラ（2005)、シルブプレ（2006)、ナルシスト（自意識過剰、
2014)、ホムパ（2004)【歴史知識】ルネッサンス（2006)【日常文化情報】イルミネー
ション（2006、中級後半)、エイプリルフール（2008)、エメラルド（2006、上級前半)、
エンターテイナー（2008)、カーニバル（2004、中級後半)、カジノ（2004、上級前半)、
コメディアン（2006、中級後半)、コリアン（韓国人、2004)、コンベンション（集会、
2006)、シネコン（複合映画館、2006)、シリアルナンバー（2014)、シリコン（2004、
上級前半)、スロット（2004、上級後半)、トロフィー（2004、上級前半)、バイパス
（2014、上級前半)、バザー（2004、中級後半)、ハッスル（2004、上級前半)、パネラー
（2006)、ハロウィン（2004)、ハローワーク（2006)、フォーラム（2004)、フライト
レコーダー（2004)、ホームルーム（2006)、モニュメント（記念のために作られた作品、

135

2008)、リンボーダンス（2004）、レスラー（2004、上級前半）、レセプション（宴会、2006）、ローカルヒーロー（2006）、ワークシェアリング（2006）【地理知識】クリミア（2014）、ジュネーブ（2014）、スコットランド（2014）、スパニッシュ（スペイン風、2006）、トルコ（2004）、ベルギー（2014）、ワイキキ（2006）【世界遺産知識】アンコールワット（2014）、グランドキャニオン（2014）、スフィンクス（2006、上級前半）【生物】アルマジロ（2006）、オランウータン（2014、中級後半）、コブラ（2008、上級前半）、ピラニア（2014）、マングローブ（2006）【スポーツ関係】ゲレンデ（2006、中級後半）、スイング（腕を振る、2004、上級前半）、スクワット（2006）、スケルトン（2014）、ストレッチ（筋トレ、2004、中級後半）、ダブルダッチ（2014）、ダンクシュート（2004）、トラック（2004、上級前半）、ドラフト（2004、上級前半）、ネイマール（2014）、パラリンピック（2004）、ファインプレー（すばらしい技、2014）、フィールド（2004、上級前半）、フリースロー（2006）、ムーンウォーク（2004）、ランニング（走る、2009、中級前半）、ロッククライミング（2008）【人物】オーギュスト・ロダン（2006）、ガリレオ（2014）、ゴッホ（2006）、ダンテ（2006）、ヘーゲル（2006）、ベートーベン（2006）、ペガサス（2014）、ミケランジェロ（2006）、ルノアール（2014）、レオナルド・ダ・ヴィンチ（2006）【植物】チューリップ（2014）、ポプラ（2014）【自然】エルニーニョ（2004）、ジャングル（2004、中級前半）、ジュピター（木星、2014）、スコール（2006）、ストーム（嵐、2006）、ネプチューン（海王星、2014）、ビーナス（金星、2014）、マーキュリー（水星、2014）、マーズ（火星、2006）【作品名】マーライオン（2014）、モナ・リザ（2006）【サイエンス・数学】ヘクトパスカル（圧力を示す単位、2006）【サイエンス・記号】セミコロン（2004）【サイエンス・物理化学】インジケーター（計測器、2006）、ナフタリン（2004）、ミネラル（2006、上級前半）【暮らし・ペット】アメリカンショートヘア（2014）、ゴールデンレトリーバー（2014）、コリー（2006、上級後半）、チャウチャウ（2014）、チワワ（2003）、トイプードル（2014）、ブルドッグ（2006）、フレンチブルドッグ（2014）、ミニチュアダックスフント（2014）、ラブラドールレトリーバー(2014)【暮らし・選択行動】ウェルダン（2006）、オートマティックトランスミッション（自動運転、2005）、マニュアルトランスミッション（手動運転、2005）、レア（2006）【暮らし・生活用品】インテリア（2006、中級後半）、クレンジング（2014）、コンディショナー（2014）、ゴムパッキン（2008）、シャンプー（2014、初級後半）、スプレー（2004、中級前半）、トリートメント（2014、中級後半）、ニコス（2004）、パラソル（2014）、ハ

ンモック（2014）、ブラインド（日よけ、2014、中級後半）、ブリーチ（2006）、プリペイドカード（2014、中級後半）、ペティナイフ（2006）、マウスウォッシュ（2014）、メンソール（2008）、リンス（2014、中級後半）、ルーズリーフ（2006）、ワックス（2006、上級前半）【暮らし・健康】エピテーゼ（2004）、コレステロール（2004、中級後半）、ニッケルフリー（2004）、バイパス手術（2014、上級前半）【キャラクター】アトム（2003）、オズの魔法使い（2004）、スヌーピー（2003）、テディベア（2014）、ドナルド（2014）、ハローキティ（2003）、ピノキオ（2014）、ミッキー（2003）【貨幣】インドルピー（2008）、フラン（2006）、ポンド（2008、中級後半）、マルク（2006）、ユーロ（2006）、ルーブル（2008）【楽器】ブルースハープ（2006）、リコーダー（2014）【買い物・商品名】インフォバー（2004）、クレンザー（2006、上級前半）、ソフラン（2006）【買い物・商業施設】サイゼ（2014）、ロッテリア（2004）【音楽・歌手名】エグザイル（2005）、エブリリトルシング（2005）、ケツメイシ（2005）、ケミストリー（2005）、サザンオールスターズ（2005）、ジャンヌダルク（2005）、スピード（2005）、マックス（2005）、スピッツ（2005）、ゾーン（2005）、ドゥアズインフィニティ（2005）、ドリームズカムトゥルー（2005）、バンプオブチキン（2005）、ビーズ（2005）、ポルノグラフィティ（2005）、ミーシャ（2005）、ミスターチルドレン（2005）【お洒落・帽子】キャップ（2005）、ニット（2005、中級後半）、ハット（2014、中級後半）【お洒落・ヘアスタイル】アフロ（2014）【お洒落・ブランド名】アンダーアーマー（2014）、カルティエ（2006）、グッチ（2004）、コーチ（2004）、ジバンシー（2004）、シャネル（2004）、ディオール（2004）、ナイキ（2014）、プラダ（2004）、ブルガリ（2004）、ラコステ（2014）【お洒落・靴】カジュアルシューズ（2014）、デッキシューズ（2014）【お洒落・柄】ストライプ（2014、中級後半）、ボーダー（2014、中級後半）【お洒落・衣服類】インナー（下着、2005、上級前半）、ウェア（服、2005、中級後半）、グレースーツ（2014）、ゴスロリ（2004）、スキニージーンズ（2014）、ダウンパーカー（2006）、タキシード（2014、上級前半）、タンクトップ（2014、中級後半）、ディレクターズスーツ（2014）、トップス（2014）、ネックウォーマー（2014）、ブラックスーツ（2014）、ブリーフ（2004、中級後半）、ブレザー（2004、上級前半）、ボトムス（2014）、ポロシャツ（2005、中級後半）、レギンス（2014）【お洒落・アイテム】カーフリング（2004）、スカーフ（2004、中級前半）、パンスト（2006）、ヘアバンド（2004）、マント（2006）、ミサンガ（2008）、リュックサック（背負う鞄、2004、中級後半）【飲食・料理関係】アルデンテ（2014）、グラタン（2014、中級後半）、

グリル（2014）、ケバブ（2014）、ゴーヤチャンプル（2006）、シュラスコ（2014）、スクランブルエッグ（2006）、タコライス（2014）、ドリア（2014、中級後半）、ピラフ（2014、中級後半）、リゾット（2014）【飲食・お菓子関係】エクレア（2014）、カスタード（2014、上級前半）、クランチ（2014）、コーンスターチ（2014）、コーンフレーク（2014）、タルト（2014、中級後半）、パウンドケーキ（2014）、フィナンシェ（2014）、ブラウニー（2014）、マカロン（2014）、マシュマロ（2004、中級後半）、マスタード（2004、中級後半）、マドレーヌ（2014）、ヨックモック（2014）、ラスク（2014）【飲食・調味料関係】タバスコ（2014）【飲食・食材】キャビア（2006、中級後半）、トリュフ（2006）、パクチー（2003）、フォアグラ（2006）【飲食・果物】ドリアン（2006）【飲食・加工食品】シリアル（2006）、タピオカ（2008）、ピスタチオ（2014）、フライドポテト（2006）、プルーン（2014）【遊び】イントロクイズ（2006）、クラッカー（2014、中級前半）、シーソー（2006）、ジャングルジム（2006）、マトリョーシカ（2014）、ルービックキューブ（2014）【IT 関係】アイコン（2006）、カーソル（2014、中級後半）、ギガ（2014）、グーグル（2004）、コンテンツ（2014）、シリ［Siri］（2014）、スレッド（2008）、セキュリティ（2014）、テラ（2014）、ドメイン（2004）、トリミング（2014）、バイン 6 秒動画（2014）、バインダー（2006、上級前半）、フリーズ（2008）、プレビュー（2014）、メガ（2014、上級前半）、レス（返信、2004）、ワイヤレス（無線、2006、上級前半）

第7章

原語表記からカタカナ語への再現

はじめに

　上級以上の日本語学習者がさらに日本語レベルを上げることを目指す際
に、語彙学習の難関の1つがカタカナ語である。第6章では、中国語母語
話者にとってどのようなカタカナ語が難しいか、カタカナ語の学習がなぜ
難しいのかについて確認した。本章は劉データを手がかりに、中国語を母
語とする日本語学習者の視点からカタカナ語の産出について考える。カタ
カナ語の産出は、前章で述べた、カタカナ表記の語を産出する場合と、ア
ルファベットなどの原語表記をカタカナで日本語風に再現する場合とに分
けられる。本章は後者を取り上げる。

1.「原語表記からカタカナ語への再現」は必要なのか
1-1　カタカナ語受容の概要

　欧米語由来の借用語（洋語）を日本語化する際にみられる方法としては、
主に開音節化、促音化、日本語に存在しない子音・母音の受け入れなどが
挙げられる。現在は、英語（アメリカ英語、イギリス英語）由来のカタカ
ナ語が多いが、その歴史は概ね3段階に分けられる。語の由来もポルトガ
ル語やオランダ語をはじめ、多くの国の言語に及ぶ（沖森 2010：75-79）。
洋語の日本語化には個々の語の綴りや前後の音韻環境に基づく一定の傾向
がみられるものの（カッケンブッシュ・大曾 1990）、その詳細は極めて複
雑である。例外が多く、和製英語や略語などの問題も考慮すると、包括的
に法則化するのは困難と言わざるを得ない。そのため、日本語教育の現場

では体系的に教えられるまでに至っていない。

　また、同じ洋語の日本語化に関しても通時的（アイスクリン／アイスクリーム）・共時的（エネルギー／エナジー）な言葉のゆれが認められる。特に人名に関してはこの点が顕著である。通時論的なゆれとしては、現在の高校の教科書に、「フランシスコ・ザビエル」にその当時のスペイン語読み「シャビエル」が併記されていることが好例でなる。一方、共時論的なゆれについては、2015年テニス全豪オープン準決勝で錦織圭選手の対戦相手「WAWRINKA」選手（スイス）の名前が挙げられる。TV各局のニュースでは、英語に近い読みの「ワウリンカ」とフランス語発音の「バブリンカ」の2種類の読みが使われていたのもこの点を物語っている。

1-2　特定の目的に限って原語表記からカタカナ語への再現が必要である

　それでは、母語の違いに応じて日本語教育を考える立場に立って、中国語母語話者にとって原語表記からカタカナ語への再現が必要かどうかについて考えよう。中国語においては表音表記システム「ピンイン」でアルファベットを扱うことはあるものの、発音や綴りのルールなどが欧米諸語のそれとは大きく異なる。また、英語であっても中国語母語話者が原語綴りをみてその出典を判別できない場合もある。英語に限ってみても、イギリス英語発音によるものか、アメリカ英語によるものかについて学習者にはわからない。1-1節で述べたように、原語綴りからカタカナ語のルール化が困難で、かつ表記のゆれもあることを考え合わせると、原語表記をカタカナ語で再現するルールを中国語母語話者が日本語を学習する際には徹底して教える意義はさほど大きくない。

　ただし、筆者が来日してからの個人学習の体験からすれば、実際の会話の中に出てくる施設名など一部の固有名詞に限っては原語表記からカタカナ語への再現が必要となる場合が多い。ただ、扱う語彙は主に英語のアルファベットに限定する必要がある。また、完全なるルール化は不可能にしても、中国語母語話者が間違えやすい一部のルール化を提示することが肝要である。これらのポイントを念頭に置きつつ、以下劉データを手がかり

に述べていく。

2. 中国語母語話者による原語表記からカタカナ語への再現過程にみられる傾向

2-1　劉データにおける該当箇所

　本章で取り上げるのは筆者が 2006 年に書き記した歌手名やグループ名のメモである（図 1）。筆者はいくら日本語を勉強し、日本人と日々接していても、アルファベット表記の歌手名やグループ名、曲名をうまく再現（デンモクで入力または検索）できず苛立ちや焦りを経験した。アルファベット表記の歌手名や曲名をカタカタ語に再現できるようになる必要が、すべての学習者にあるわけではなく、個々の学習者によってその学習の目的が異なる。以下に探っていくのはあくまでも中国語母語話者にみられる傾向である。

図 1　劉データにおける該当箇所

2-2　再現過程にみられる中国語母語話者の傾向

　まず「経験不足」の問題を考え合わせる必要があることを断っておきたい。たとえば、音楽グループ〔AAA〕が挙げられる。それが〔トリプルエー〕と読むことを情報として知らなければ、学習者は〔エーエーエー〕または〔スリーエー〕と読んでしまってもおかしくない。劉データには筆者が当時〔TRF〕を〔チャフ〕[1]、〔19〕[2]を〔ジューキュー〕と産出してしまった例がみられる。一方、筆者が〔175R〕を〔イナゴライ<u>ター</u>〕[3]、〔D-<u>51</u>〕を〔ディーゴーイチ〕とほぼ正しく再現できたのは、それらの読みが情報として頭に残っていたためである。したがって、経験不足を解消することが原語表記からカタカナ語への再現にとって重要かつ有効な手段の1つである。ただし、耳を頼りに獲得した「既知情報」の場合、特殊拍を中心に、様々なうろ覚えのカタカナ語が生じる場合がある[1]。

　無論、すべてのカタカナ語を経験不足の解消をもって解決することは事実上不可能である。ここでは未知の原語表記からカタカナ語を再現するにあたって、中国語母語話者にみられる傾向および特徴を言及しておきたい。手順としては、まず原語表記の語彙（ここでは英語などを指す）を知っているものとそうでないものとに分けて考える必要がある。知っている英語の語彙の場合、中国式の英語の発音による負の転移がみられる。

　　Every Little <u>Thing</u>
　　エブリリトル<u>スイ</u>ング[5]（中国式英語発音の影響）

1　正しくは「ティーアールエフ」。
2　正しくは「ジューク」。必ずしもカタカナ語で表記しなければならないものではないが、関連語彙として敢えてここで挙げることとする。
3　正しくは「イナゴライダー」。
4　たとえば、「イナゴライダー（175R）」を「イナゴライター」（濁音）、「カーペンターズ（Carpenters）」を「カーペンダズ」（長音・濁音）、「カトゥーン（KAT―TUN）」を「カットゥー」（撥音・促音）、「ミーシャ（Misia）」を「ミーシャン」（撥音）と書かれている箇所が挙げられる。この箇所の原語表記とは無関係であるが、「トリュフ」を「トリフ」（拗音、2014）、「ソフラン」を「ソフナー」（RとNとの子音交替、2006）とするように聴覚によって覚えたカタカナ語は誤用しやすい。
5　正しくは「エブリ・リトル・シング」。

Dreams Come True
ドリムズカンムトゥリー[6]（中国式英語発音の影響）

　一方で、既習のカタカナ語や英語の日本語化のルールを積極的に応用する一面も認められる。

X JAPAN
エックスジャパン（既習のカタカナ語）
NEWS
ニュース（既習のカタカナ語）
Coming Century
カミング・センチュリー（既習ルール　ing）
MY LITTLE LOVER
マイ・リトル・ラバー（既習ルール　le）

　これらに対し、知らない英語の原語表記について中国語母語話者は綴りそのものに注目して、開音節化や促音化を図ろうとする場合がある。そして、仮名を表記する場合のアルファベット（ピンインの読みを含む）の読みや第二外国語として学んだ中国式英語発音などの影響を受けて間違ってしまう場合もある。

（ i ）b.c.d.g.k.l.n.r.s.t などの開音節化
　　the brilliant green
　　ザブリランドグリーン（正式「ザ・ブリリアントグリーン」）
　　L'Arc ～ en ～ Ciel
　　ラルクエンクエル（正式「ラルクアンシエル」）
　　ZARD
　　ザード

6　正しくは「ドリームズ・カム・トゥルー」。

globe
ゴロブ（正式「グローブ」）
H Jungle with t
エッチジャングルウィズティー（正式「エイチジャングルウィズ
ティー」）
Wink
ウィンク
Crystal Kay
クリスタル・ケイ
DEEN
ディーヌ（正式「ディーン」）
LINDBERG
リンドブラグ（正式「リンドバーグ」）
RIP SLYME
リップスリメ（正式「リップスライム」）
The Beatles
ザビトルズ（正式「ザ・ビートルズ」）

（ⅱ）語中、語尾の c.cc.ch.ds.p.sh.x の促音化
Ricky Martin
リッキー・マーティン
Cocco
コッコ
Def Tech
デフテック
Kinki Kids
キンキキッズ
RIP SLYME
リップスリメ（正式「リップスライム」）
Dragon Ash

ドラゴン・アッシュ
I WiSH
アイウィッシュ
MAX
マックス

　一方、促音化を必要としない箇所に促音を入れてしまう場合もある。こ
れは筆者が日頃パソコン作業で同じ子音が連続で入力すると、促音に変換
されるということが影響していると思われる。

ABBA
アッパー（正式「アバ」）
PUFFY
パッフィ（正式「パフィー」）
KAT—TUN
カットゥー（正式「カトゥーン」）

（ⅲ）アルファベットの綴り（中国語の表音システムピンインの読みを含
　　　む）につられてそのまま表記してしまう場合
　　　Jeanne d'Arc
　　　ジャンネダアルク（正式「ジャンヌ・ダルク」）
　　　Britney Spears
　　　ブリトネイスペアズ（正式「ブリトニー・スピアーズ」）
　　　Fayray
　　　フェイライ（正式「フェイレイ」）
　　　Nina
　　　ニナ（正式「ニーナ」）
　　　Le Couple
　　　レクオプル（正式「ル・クプル」）

（iv）中国国内で受けた第二外国語としての英語教育の影響により、中国
式英語発音を想定して表記してしまう場合

Hide
ハイデー（正式「ヒデ」）
Whiteberry
ワイトベリー（正式「ホワイトベリー」）
MALICE MIZER
マリックミザー（正式「マリスミゼル」）

（v）中国語発音の影響を受けたもの[7]
Faye Wong
フィーオン（正式「フェイ・ウォン」）（王菲）
Whitney Houston
ヒトニヒュストン（正式「ホイットニー・ヒューストン」）（惠特尼
休斯顿）
Mariah Carey
マライヤキャリ[8]（正式「マライア・キャリー」）（玛丽亚凯莉）

3. 「部分解決」に向けての提案
3-1 「Y」を伴う場合は長音化になりやすいというルールを教える

　中国語と言えば、漢字・漢語というイメージが強いが、中国語の発音を
表すためのピンインはアルファベットを用いており、中国語母語話者に
とってアルファベットは決して馴染みのない表記ではない。ただし、その
発音とスペリング上の規則が英語のそれと全く異なるため、アルファベッ
トの綴りを目にした場合、英語表記としてというよりはピンインまたは仮
名を表記する場合のアルファベットとして認識されやすい傾向があると思

7　中国でも知られているアーティストの名前である。中国語での発音を考えながらカタカナ語
で表記しようとしたためと考えられる。
8　アとヤの交替は母語話者でもみられる。長い間「イケア」を「イケヤ」と発話していた日本
人の友人がいる。

われる[9]。このことが中国語母語話者による日本語の長音の再現を難しく
している。下記のような長音の有無が最も顕著な現れと言えよう[10]。

（a）長音表記の箇所に長音できない場合 ar.ea.er.i.ie.iew.o.ou.ow

REIRA starring YUNA ITO
レイラスタリングユナイトウ
（正式「レイラ スターリング ユナイトウ」）

Sugar Soul feat.Kenji
シュガソールフィートケンジ
（正式「シュガーソウル フィーチャリング ケンジ」）

The Beatles
ザビトルズ（正式「ザ・ビートルズ」）

SINGER SONGER
シンガソンガ（正式「シンガー・ソンガー」）

Nina
ニナ（正式「ニーナ」）

BENNIE K
ベニケイ（正式「ベニーケイ」）

FIELD OF VIEW
フィルドオブビュ（正式「フィールド・オブ・ビュー」）

FIELD OF VIEW
フィルドオブビュ（正式「フィールド・オブ・ビュー」）

m-flo
エムフロ（正式「エムフロー」）

ECHOES
エゴス（正式「エコーズ」）

9　日本語学習者の英語のレベルにばらつきがある。個人差にもよるが、必ずしも英語を得意と
　しない学習者が多くいることは事実であろう。
10　中国語に有声音と無声音との弁別があるため、英語などの原語表記を日本語化する際の清
　濁については中国語母語話者にとって比較的問題にならない。

147

globe

ゴロブ（正式「グローブ」）

ZONE

ゾン（正式「ゾーン」）

Whitney Houston

ヒトニヒュストン（正式「ホイットニー・ヒューストン」）

THE YELLOW MONKEY

ザイーロモンキ（正式「ザ・イエローモンキー」）

（b）長音不要な箇所に長音化してしまう場合、a.e.ua

ABBA

アッパー（正式「アバ」）

Wham!

ワーム（正式「ワム」）

shela

シェーラ（正式「シェラ」）

Tommy february6

トミーフェブラーリ（トミー・フェブラリー）

　以上のような誤用例を確認すれば、長音化の有無が中国語を母語とする
学習者にとって難しいことは一目瞭然である[11]。原語表記からカタカナ語
への再現を完全にルール化する必要はないが、中国語母語話者が間違えやす
い傾向を見出し、ポイントを絞って提示することにより、学習者の誤用
を減らすような指導者側の工夫は可能であろう。以下、「Y」を伴う原語
表記からカタカナ語へ再現する際に長音になるかどうかを例に取り上げ
る。メモの精査を通して、ffy.ney.rey.ry など「Y」を伴う原語表記を日本
語化する過程において伸ばすべきところを伸ばさない傾向が強く認められ
る。

11　英語知識のおかげで長音が問題にならない例（ar.ee）もある。ZARD ザード、Ricky
　Martin リッキー・マーティン、SPEED スピード。

PUFFY
パッフィ（正式「パフィー」）

Whitney Houston
ヒトニヒュストン（正式「ホイットニー・ヒューストン」）

Mariah Carey
マライヤキャリ（正式「マライア・キャリー」）

CHEMISTRY
ケミストリ（正式「ケミストリー」）

Tommy february6
トミーフェブラーリ（正式「トミー・フェブラリー」）

JUDY AND MARY
ジュディアンドマーリ（正式「ジュディ・アンド・マリー」）

　小椋（2013：829）が述べるように、長音化されない例外があることは事実である[12]。しかし、今回、メモを確認してみると、my.ray.rry.ry など筆者が長音として認識した以下の例も存在する。

Tommy february6
トミーフェブラーリ（正式「トミー・フェブラリー」）

Whiteberry
ワイトベリー（正式「ホワイトベリー」

Coming Century
カミング・センチュリー

　そして、固有名詞としては、melody. メロディ、Do As Infinity ドゥ・アズ・インフィニティのように正式な読みとしては長音記号を伴わないことになっているが、実際には長音化しても間違いとは言えない例もあることから、「Y」を伴う場合は長音化になりやすいことをルール化したほう

12　小椋（2013）は英語の語末が—dy.—gy.—ry.—ty を対象としている。長音の有無については ゆれが認められる。たとえば、「カテゴリ」と「カテゴリー」もその1例である。

が原語表記からカタカナ語へ再現する際には役立つと考える[13]。

3-2　アルファベットの日本語の発音をしっかり教える

もう1点はアルファベットの日本語の発音を指導項目として取り上げることを強く主張したい（表1）。

表1　アルファベットの日本語の発音

A	B	C	D	E	F	G
エー	ビー	シー	ディー	イー	エフ	ジー
H	I	J	K	L	M	N
エイチ	アイ	ジェー	ケー	エル	エム	エヌ
O	P	Q	R	S	T	
オー	ピー	キュー	アール	エス	ティー	
U	V[14]	W	X	Y	Z	
ユー	ブイ	ダブリュー	エックス	ワイ	ゼット	

たとえば、「V」の日本語風発音「ブイ」は学習者にとって難しいアルファベットの1つである。また、「H」には「エイチ」と「エッチ」の2通りがあり、使い分ける必要があることも学習者に提示する必要があろう。

筆者はアルファベットの日本語発音を意図的に習得したことによって再現できるようになったからである[15]。

H Jungle with t
エッチジャングルウィズティー（正式「エイチジャングルウィズティー」）
HY
エッチワイ（正式「エイチワイ」）

13　筆者はTully'sを「タリズ」と発音していると指摘されることがあり、上記のルールを知っていれば、最初から「タリーズ」という発音ができていたかもしれない。ちなみに「ar」を伴うStarbucks（スターバックス）の長音箇所に関しては問題とならないようである。

14　勿論、CDTV（カウントダウン・ティービー）のような固有名詞の場合もある。

15　来日後、アルファベットの日本語の発音と中国語のそれとが異なることに気づき、習得に努めた。

K

ケー

L ←→ R

エルアール

T.M.Revolution

ティーエムレブルーション（正式「ティー・エム・レボリューション」）

T-SQUARE

ティー・スクエア

V6

ブイシックス

X JAPAN

エックスジャパン

3-3　日中英の３カ国語の共通情報を最大限に利用する

　直接原語表記からカタカナ語への再現過程においては、第二外国語としての英語学習（中国式英語）による負の影響がある。中国式の英語発音とカタカナ語の発音とは大きく異なる場合が多いからである。自らのカタカナ語学習の過程を振り返っても、日本語化したカタカナ語の原語表記（英語語彙）を知らないと、逆にカタカナ語の学習を疎かにしてしまう面もあった。たとえば、劉データに次の２例がある。

　　いつもサムシングを求めていた（2004）

　　リスナー（2006）

　「something」や「listener」は英語語彙に由来するものであるが、日本語のカタカナ語と中国式の英語発音とがかなり異なっているため、筆者はその場でこれらを理解できずにいた。自らのこうした学習上の反省を踏まえた上で、筆者は、カタカナ語の語彙提示について「カタカナ語→原語→和語和訳（若しくは中国語訳）」というモデルを提案する。なぜならば学

習者は既知の英語を、日本語と中国語との共通情報として利用することができ、未知の英語でも、学習者は原語表記を確認することで記憶を深め、カタカナ語の学習の手助けになることが期待されるからである。

4. おわりに

　カタカナ語産出の難しさの1つに、原語表記からカタカナ語を再現できない場合が多いことが挙げられる。日本語学習においては母語の違いに応じた教育が必要であると考える立場から、中国語を母語とする学習者にとって、英語などの原語表記からのカタカナ語への再現が必要な場合は、一部の固有名詞に限られる。英語を中心とする洋語から日本語への完全ルール化が困難であること、中国語を母語とする学習者が英語とは異なるアルファベットの使用上の規則を用いていることなど複数の要因から、筆者は中国語母語話者に徹底して原語表記のルール指導に対しては否定的な立場を取る。しかしながら、部分的な解決法として3点を提示したい。

（1）中国語母語話者にみられる、再現する際の誤用傾向を明らかにし、「Y」を伴う表記を例に部分的な規則指導を行う。
（2）アルファベットの日本語風発音を指導する。
（3）「カタカナ語→原語→和語和訳（若しくは中国語訳）」という語彙提示のモデルを提案する。

参考文献

石綿敏雄（2001）『外来語の総合的研究』東京堂出版

稲垣滋子（1991）「外来語表記の基準と慣用」『日本語教育』74、日本語教育学会

楳垣実（1963）『日本外来語の研究』研究社

王伸子（2011）「中国語母語話者の日本語外来語彙習得に関する諸問題」『専修人文論集』
　　88、専修大学

大曽恵美子（1991）「英語の音形の日本語化」『日本語教育』74、日本語教育学会

大滝靖司（2013）「日本語借用語における 2 種類の促音化」『国立国語研究所論集』6

沖森卓也編（2010）『日本語史概説』朝倉書店

小椋秀樹（2013）「大規模コーパスを活用した外来語表記のゆれの調査」『立命館文學』
　　630

川越いつえ（1995）「借用語にみる促音化とリズム衝突」『言語研究』108、日本言語学会

カッケンブッシュ寛子・大曽美恵子（1990）『日本語教育指導参考書 16　外来語の形成
　　とその教育』大蔵省印刷局

河原崎幹夫（1991）「カタカナの指導―外来語の表記のしかた―」『日本語教育』36、日
　　本語教育学会

呉大綱（2005）「中国語の中の外来語―音訳か意訳かそれとも音訳と意訳のミックスか―」
　　『梅花女子大学文化表現学部紀要』2、梅花女子大学

小林ミナ・カッケンブッシュ寛子・深田淳（1991）「外来語にみられる日本語化規則の
　　習得―英語話者の調査に基づいて―」『日本語教育』74、日本語教育学会

顧氷馨（2012）「外来語に見られる開音節化規則の習得―中国語母語話者への調査につ
　　いて―」『言語教育研究』2、桜美林大学

澤田田津子（1985）「外来語における母音添加について」『国語学』143、国語学会

陣内正敬（2008）「日本語学習者のカタカナ語意識とカタカナ語教育」『言語と文化』
　　11、関西学院大学

陣内正敬・田中牧郎・相澤正夫（2012）『外来語研究の新展開』おうふう

中川秀太（2015）「漢語・外来語の略語」『日本語学』34-2、明治書院

プレムモトワニ（1991）「日本語教育のネック―外来語―」『日本語教育』74、日本語教
　　育学会

水谷修監修（2000）『日英中韓カタカナ語見くらべ辞典』講談社

153

宮島達夫・高木翠 (1974)「外来語の表記の変化とゆれ」『計量国語学』71、計量国語
　　学会

李視岐 (1985)『日本語外来語』山西人民出版社

李峰栄・板谷雄二 (2006)「中国人向けカタカナ語 e ラーニング教材の開発と視覚的刺
　　激の有効性の検証」『朝日大学経営学部電子計算機室年報』15、朝日大学

参考インターネットサイト

国立国語研究所「日本語の現在」

　　(http://www.ninjal.ac.jp/archives/genzai/)

茂木俊伸「外来語の意味・用法に関する文献目録」

　　(http://www.let.kumamoto-.ac.jp/literature/asia/nihonbungaku/tmogi/lw_biblio/

　　index.html)

第8章

新しい日本語教育のアクセント学習において必要なもの

はじめに

　日本語教育において音声教育、特にアクセント指導の重要性が叫ばれて久しい。目下、外国人日本語学習者（以下、学習者）に対するアクセント教育の実践は、多くの問題点を抱えながらも、着実に進んでいるものと思われる。また、アクセント関係の指導・学習用資料も充実しつつある。このような背景のもと、高低から下がり目へという日本語のアクセント観がパラダイムシフトする動きは注目に値する。この動きは今後のアクセント教育にも大きな影響を与えるものと予想される。2016年に『NHK日本語発音アクセント辞典』の改訂版が刊行されたことも特筆すべき出来事である。しかし、アクセント教育に関しては依然として多くの問題点が残されており、大いに改善していく余地があることも事実である。

　これまでのアクセント教育については日本語を指導する側からの論究がほとんどであり、日本語学習者による自らの経験を踏まえた上での論考がほぼ皆無であった。本章では、劉データを手がかりに、中国語を母語とする学習者の視点から、今後の日本語のアクセント学習において重要となるものについて私見を述べる

1．劉データとアクセントの箇所について

　本章で用いる劉データの範囲は、筆者が来日した2003年〜2014年の間に記録したものである。これまでの章で繰り返し述べた通り、「文法」「文法意識」「語彙」のうち、「語彙」の延べ語数は1380語で、筆者の判断に

よって表1のような5つのブロックに分けられる。本章ではアクセントと深い関わりをもつ「語彙」に焦点を当てる。具体的には、ブロック2のうち、アクセント関係の箇所のみを考察対象とする。

表1　劉データの語彙区分

ブロック	詳細	小計
1	間違えやすいポイント	132
2	自力ではなかなか知り得ない学習ポイント	209
3	語彙の形態的特徴により学習が困難な語彙	397
4	語彙の使用領域により学習が困難な語彙	472
5	その他（語彙そのもの以外が問題であった場合）	170
	合計	1380

　ブロック2の「自力ではなかなか知り得ない学習ポイント」とは、学習者が教師側の指導（日本語母語話者の指摘）なしには間違いに気づくことが難しいポイントのことを指す。具体的には「アクセント（83語）」のほか、「言語間のずれ（34語）」「日本語内部の選択（38語）」「気になる現象（24語）」の4つの下位区分が含まれている[1]。ブロック2全体（209語）の中では、「アクセント」が問題であった語数が特に多く、学習に教師の手助けを要する項目の1つであることがわかる。ここでアクセントの箇所のメモの一部を次の図1・図2に示す[2]。

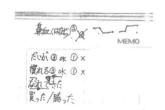　

図1　アクセントの箇所のメモその1　　図2　アクセントの箇所のメモその2

1　「言語間のずれ」とは「慣用句」など日中両言語間における言い方のずれである。これに対し、「日本語内部の選択」は類義語に代表されるような文脈や場面によって選択を求められる語のことである。そして、「気になる現象」にはサ変動詞における「漢語」と「する」の間に助詞ヲを挿入するか否かなど、筆者が当時気になった様々な言語現象が含まれている。詳しくは第2章を参照されたい。

2　当時、筆者は平板型と尾高型との区別を正確に把握しておらず、その場で取ったメモ書きである。そのためアクセントの表記は必ずしも正しいとは限らない。

2.　考察

　筆者は中国の大学で日本語を専攻し（1997 年 9 月〜 2001 年 6 月）、2002 年 4 月に来日したあと、愛知県小牧市で 2 年間を過ごした。その後 2004 年 4 月から 2011 年 5 月まで京都市で生活を送り、2011 年 6 月から東京に居を移し、現在に至る。劉データにおけるアクセントの箇所は、来日後の実際の会話の中で、日本語話者の知人に指摘してもらい、その場で記したものである。したがって、劉データのアクセントの箇所はほとんど産出関係のものと見なすことができる。なお、筆者は来日前に中国でアクセント表記の読み方は習ったものの、体系的な日本語のアクセントの指導は受けていない。

　以下、劉データを手がかりに、アクセント学習において必要とされるものとして「日本語母語話者の教師の手助けを要するもの」と「学習者側による負の転移に対する自覚」とに分けて述べることとしたい。具体例は見出し語・[　]・（　）の順に示す。用例の見出し語は実際のメモ通りに提示する。[　]の中は、実際に日本語母語話者に教えられた正しいとされるアクセントである。アクセント辞書の記述と一致しないものも含まれるが、劉データの表記をそのまま示すと同時に、注において世代差や地域差によるアクセントのゆれについて言及する。これに対して、（　）には実際筆者が当時発音したアクセントを〈　〉内に示し、メモを取った年を付した。そして、「中級前半」などのレベル判定は、砂川データ（第 1 章）の判定基準を援用したものである。

2-1　日本語母語話者の教師の手助け（指導など）を要するもの
2-1-1　和語

　和語のアクセントに関する問題点の 1 つにアクセントの山を作りたがるという傾向が挙げられる。従来の研究では、後ろから 2 番目「（−2 型）の音節」について言及されることが多かったが（蔡 1983、楊 1993、尤 2002、劉 2009）、それ以外の場合も少なくない。具体的には以下の用例の

〈　〉内下線で示されたように、本来「平板式」で発音すべきところを「起伏式」で発音してしまうという傾向のことである。

（1）くすだま［低高高高］（〈低高高低〉、2006）
（2）こえる［越える　低高高］（〈低高低〉、2005、中級後半）
（3）ささくれ［低高高高］（〈低高低低〉、2006）
（4）でかける［出かける　低高高高］（〈低高高低〉、2008、初級後半）
（5）（いった）だけ［言っただけ　低高高高高］（〈低高高高低〉、2005）

また、後述するように、補助動詞や助動詞などの後続要素が下接する場合、アクセント型が変わるというルールを知らなかったためにアクセントを正しく産出できない場合も多々ある。たとえば、筆者は辞書形の「溶ける」のアクセントは［低高低］であることを知っていた。しかし、メモを確認すると(6)のように辞書形にタ形がついた［溶けた］を〈低高高〉で発音していたことがわかる。

（6）とけた［溶けた　高低低］（〈低高高〉、2014、中級後半）

なお、正しいアクセントの変化については図3で示す。

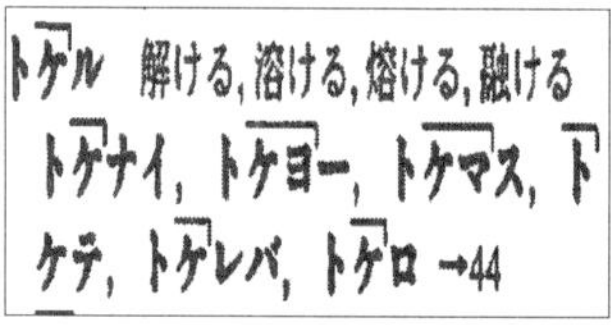
トケル　解ける,溶ける,熔ける,融ける
トケナイ, トケヨー, トケマス, トケテ, トケレバ, トケロ →44

図3　金田一監修（2015：628）

そして、3節で述べるように、2つ以上の語が複合語を構成する場合、その全体を一括りにしてアクセントを調整しなければならない(便宜的に、以下「一語意識」と称する)。この「一語意識」に関しては、筆者は最初に漢語について教わっていたため、漢語の複合語についてはある程度意識

的にアクセントを調整することができた。一方、（7）〜（10）のような和
語の場合は、「一語意識」を実践できていなかったと見なさざるを得ない。
難易度は低いこれらの和語のアクセント［こう　高低］［そう　高低］［そ
れ　低高］［なり　高低］［どう　高低］［でも　高低］［いい　高低］を習
得していながら、それらが複合形式の一部として用いられる場合、そのア
クセントに対する調整が行われていなかった。

（7）こう（いった）［こう言った　低高高高高］（〈高低低低低〉、2005、
　　　初級後半）

（8）そう（いった）［そう言った　低高高高高］（〈高低低低低〉、2005、
　　　中級前半）

（9）それなりに［低高高高高］（〈低高高低低〉、2005）

（10）どう（でもいい）［低高高高高低］（〈高低低高低〉、2005、初級後半）

　このほか、筆者自身の誤った類推によって共通語とは異なるアクセント
を産出する場合もあった（便宜的に「誤推測」と称する）。「だらだら」「ぽ
かぽか」のように日本語のオノマトペにはアクセント辞書記述で「高低低
低」型のアクセントが多くみられる。ただし、実際にはこのタイプの語の
3拍目が、2拍目よりやや聞こえるゆえに、筆者は「高低高低」と認識し
てきた。そのため、筆者は（11）にみられる「こなごな」も〈高低高低〉
で発音していたのである[3]。

（11）こなごな［粉々　低高高高］（〈高低高低〉、2014、中級後半）

2-1-2　カタカナ語

　中国語を母語とする日本語学習者にとって、カタカナ語の習得は非常に
難しいということはしばしば先行研究において指摘されてきた。その要因

3　奥野（2014：30）でいう「中間言語」の1例として扱うことができる。

の1つとして、カタカナ語のアクセント学習の難しさが考えられよう。劉データからは、まず、カタカナ語のアクセントを頭高型で発音する傾向が指摘できる[4]。

(12) クレーター［低高高高高］（〈高低低低低〉、2006、上級前半）

(13) フリーズ［低高高高］（〈高低低低〉、2008）[5]

(14) ベクトル［低高高高］（〈高低低低〉、2014、上級前半）

(15) メンチ（を切る）［低高高］（〈高低低〉、2014）

(16) ユニクロ［低高高高］（〈高低低低〉、2006）

(17) レスポンス［低高高高高］（〈高低低低低〉、2014）[6]

また、その逆の場合も確認できる[7]。

(18) アイフォーン［高低低低低］（〈低高高低低〉、2014）

(19) イニシアル［高低低低低］（〈低高高高高〉、2006）

(20) シラバス［高低低低］（〈低高高高〉、2014）

(21) ハード［高低低］（〈低高高〉、2014、中級後半）

(22) ミネラル［高低低低］（〈低高高高〉、2006、上級前半）

そして、アクセントの山を作りたがるという傾向は和語のみならず、カタカナ語においても確認できる。

(23) ミサンガ［低高低低］（〈低高高高〉、2008）[8]

4　中国語を母語とする日本語学習者が、様々な場面で頭高型を産出しがちとする指摘は、多くの先行研究において確認できる。

5　金田一監修（2015：800）の見出し語表記では「低高低低」とある。ここでは「パソコンがフリーズする」のときの該当箇所であったと考えられる。

6　金田一監修（2015）に収録されていない語である。NHK放送文化研究所編（2016：1457）では「レ/スポンス」とあるが、複数の20〜30代の日本語母語話者に確認したところ、「低高高高高」というアクセントがほとんどであった。世代の差を考え合わせる必要もあろう。

7　現段階では、この対立する2つのタイプのアクセントが産出された要因を見出すことができない。

8　金田一監修（2015）に収録されていない語である。複数の日本語母語話者に確認したところ、「低高低低」が一般的なアクセントのようである。

2-1-3　同表記の語

　教育現場では［雨　高低］と［飴　低高］、［箸　高低］と［橋　低高］のように、アクセントの差で意味を区別する必要がある語彙の指導が行われている。仮名で表記すると同表記になるペアの語彙は、学習者にとってアクセント学習の難点の1つである。これは体言に限らず、用言なども含まれる。

　　(24)　せんにん［低高高低］（仙人、2014、中級後半）

　　(25)　せんにん［高低低低］（千人、2014）

　　(26)　ちゅうこ［低高高］（中古品の「中古」、2014）

　　(27)　ちゅうこ［高低低］（時代別の「中古」、2014、中級後半）

　　(28)　ネット［低高高］（「インターネット」の意、2014、中級前半）

　　(29)　ネット［高低低］（「網」の意、2014、中級前半）

　　(30)　いっぱい［低高高高］（感謝の気持ちでいっぱい、2014、初級後半）

　　(31)　いっぱい［高低低低］（一杯、2014、初級後半）

　　(32)　かえる［変える　低高高］（2014、中級前半）

　　(33)　かえる［帰る　高低低］（2014、中級前半）、

　　(34)　はれる［腫れる　低高高］（2014、中級後半）

　　(35)　はれる［晴れる　低高低］（2014、初級後半）

　具体的な場面や文脈によってコミュニケーションに支障をきたすまでには至らないが[9]、日本語母語話者と自然にコミュニケーションを取るための重要な要因のひとつであることは間違いなかろう。

　ただ、同表記でアクセントを区別できないのは辞書形（さらに言えば辞書の見出し語）の問題だけによるものではない。助動詞や補助動詞が下接する場合の「東京アクセントの習得法則」（金田一監修 2001）の指導も考え合わせる必要があると思われる。なぜならば（36）～（40）に示したよ

9　バレーボールのネットを張るときに、筆者がネットを〈低高高〉で発音したため、チームメンバーに「ネット（低高高）をどうやってもってくるの？」とからかわれたことがある。

うに、ほかの要素なしに動詞１つで質問する場合、コミュニケーションに一時的な支障をもたらすことも考えられるからである。

(36) かつ［勝つ　高低］（2005、中級前半）

(37) かった［勝つ　高低低］（2014、中級前半）

(38) かった［買う　低高高］（2005、初級前半）

(39) なれる［慣れる　低高低］（2014、中級前半）

(40) なれた［慣れた　高低低］（2014）

2-2　学習者側による負の転移に対する自覚
2-2-1　声調の影響

中国語には四声（しせい：１声、２声、３声、４声と区別される４つの声調）があることは周知の通りである（「軽声」を追加する場合もある）。中国語の声調と日本語のアクセントとの間に絶対的な相関がないことはすでに指摘されている[10]。したがって、漢字を伴う語のすべてにおいて声調の影響が認められるというわけではない。しかし中国語母語話者には、声調の影響による日本語のアクセントへの負の転移があること、そして一定の傾向が認められることも確かである。まず１点目に、４声[11]の漢字（二字漢語の場合は最初の漢字[12]）を伴う場合は頭高型で発音されやすい傾向が確認できる。

(41) 各国［低高高高］（各国〈高低低低〉、2005、中級前半）

(42) 機嫌［低高高］（气嫌〈高低低〉、2006、中級前半）[13]

(43) 視点［低高高］（視点〈高低低〉、2014、中級前半）

(44) 踏襲［低高高高］（踏襲〈高低低低〉、2014、上級後半）

10　侯（2005：145）を参照されたい。

11　「四声」（しせい）と区別するため、「よんせい」を「４声」で表記する。

12　漢語のアクセントに関する先行研究および、日本語全体における漢語アクセントの傾向については塩田（2016）に詳しい。

13　図（２）を確認すればわかるように、筆者は当時「機嫌」の漢字を「气嫌」と勘違いしていたことがわかる。最初の漢字「气」は中国語では４声である。

　中国語の4声は、カラスの鳴き声「カー、カー」のようにイメージすることができる。頭高型のように、1拍目のあとに音調の急激な声の高さ（ピッチ）の変化―下がり目―を伴うことを考え合わせれば、このタイプの負の転移が予測されよう。中国語の4声の影響を受けて頭高型で発音してしまう可能性が高いのである。この影響は漢語語彙のみならず、漢字表記を含む一部の和語についても起こりうる。

　　（45）さが［性　高低］[14]（性〈高低〉、2006）
　　（46）やせた［痩せた　低高高］（痩〈高低低〉、2014、中級前半）[15]

　和語の場合は、その日本語の意の中国語訳の漢字を連想して負の影響を及ぼす可能性もある。たとえば、（47）の「消す」・（48）の「空いた」・（49）の「疲れる」はそれぞれ中国語で「灭」「饿」「累」と訳される場合がある。これらはいずれも4声である。

　　（47）けす［消す　低高］（灭〈高低〉、2006、初級後半）
　　（48）すいた［空いた　低高高］（饿〈高低低〉、2008、初級後半）
　　（49）つかれる［疲れる　低高高低］（累〈高低低低〉、2014、初級後半）

　中国語訳を連想して誤った発音をするという事実は少数ながら、カタカナ語においても確認できる。（50）の「イタリア」の中国語訳は「意大利」で、最初の漢字「意」は4声である。

　　（50）イタリア［低高高高］（意大利〈高低低低〉、2006、初級後半）

　ここではさらに以下の2例に注目しておきたい。

14　ここでは関西出身の友人に「低高」と教わったため、メモを取った。金田一監修（2015）では「高低」と表記されている。
15　中国語の影響のほか、近畿方言の影響も考慮に入れる必要があると思われる。（20）「シラバス」、（48）「すいた」、（60）「肌」、（62）「のむ」についても同じである。

（51）なれる［慣れる　低高低］（慣〈高低低〉、2005、中級前半）

（52）なれてきた［慣れてきた　高低低低低］（慣〈低高高低低〉、2005）

　（51）の「なれる」の漢字表記の1つは「慣」である。中国語では「慣」は4声であるため、筆者は当時「なれる」を〈高低低〉で発音してしまった。ただ、前節で述べた通り、（52）のように補助動詞が下接する際に、アクセントが変わる場合があることはやはり学習時の難点となる。

　2点目の傾向として、中国語で2声で発音される語に関しても頭高型で発音されやすいことを指摘することができる。2声は、驚いたときに「えっ」のように、音調の急激な声の高さ（ピッチ）の上昇を伴う。音調的な「上がり目」と「下がり目」とにおいては、2声と4声は対極にある。しかし、音調の急激な声の高さ（ピッチ）の変動があるという点で両者は一致している。日本語で2声の漢字（二字漢語の場合は最初の漢字）を伴う場合もこの影響を受けて頭高型で発音される傾向が認められる。また、4声の場合と同様、漢語語彙のみならず、和語とカタカナ語の場合も中国語の声調の影響を受けることがある。

（53）はなぢ［鼻血　低高高］（鼻血〈高低低〉、2005、中級前半）

（54）こぶ［瘤　低高］（瘤〈高低〉、2014、上級前半）

（55）モナ・リザ［低高高高］（蒙娜丽沙〈高低低低〉、2006）

　ただし、（56）のように「綿」が2声であっても頭高型で発音されない例もある。2声の場合は4声の場合に比べて頭高型で発音されるのは緩やかな傾向であるとも考えられる。

（56）綿棒［高低低低］（綿棒〈低高高高〉、2014、上級前半）

　そして、3点目に中国語で1声と3声の漢語の場合（二字漢語は最初の漢字）、日本語の1拍目を低く発音する傾向があることを指摘できる。1声は、相手の話に対してさほど興味をもたないときに発する「ふ～ん」と

いうイメージである。これに対し、3声は、相手の主張に全く納得できないときに発話する「は〜〜」に近いトーンで、緩やかに一旦下がってまた緩やかに上がるという音調変化を伴う。3声の場合、音調の変化を伴うものの、4声と2声のような急激なものではなく、むしろ1声と同じグループに区分することができる。この点が1声と3声の場合、日本語の1拍目が低く発音される誘因の1つと推測される。

　具体的には1声の場合、以下の用例が挙げられる。（60）（61）のように、中国語訳の漢字を連想しての影響が認められる例も見受けられる。

（57）空虚　［高低低］（空虚〈低高高〉、2004、上級前半）
（58）商人　［高低低低］（商人〈低高高高〉、2014、中級後半）
（59）当番　［高低低低］（当番〈低高高高〉、2014、中級後半）
（60）はだ　［肌　高低］（肌〈低高〉、2014、中級前半）
（61）ヘンゲル　［高低低低］（恩格尔〈低高高高〉、2014）[16]

　一方、3声については（62）のように和語に漢字を含む例と[17]、（63）のように中国語訳を連想する例が挙げられる。

（62）のむ　［飲む　高低］（饮〈低高〉、2014、初級前半）
（63）なんじ　［何時　高低低］（几点〈低高高〉、2005）

　勿論個別事例として考える必要があるものもある。たとえば（64）にある「本」は、本来中国語では3声でありながら、日本語では1拍目が高くなっている。

（64）本音　［低高高］（本音〈高低低〉、2005、中級後半）

　これは初級語彙の「本［高低］」の影響を受けたものであり、必ずしも

16　見出し語は正しくは「エンゲル（係数）」である。
17　「何時」は厳密に言うと混種語と考えるべきである。

前述の例には当てはまらない。

2-2-2　中国国内での英語学習の影響

　中国国内での英語学習が日本語のカタカナ語のアクセント産出に負の影響を与える場合も見受けられた。具体例として以下の 3 例が挙げられる。いずれも中高の英語テストで出題されそうな、さほど難易度の高くない英単語である。

（65）アイランド［高低低低低］（ISLAND〈低高高高高〉、2006）
（66）データ［高低低］（data〈低高高〉、2014、中級後半）
（67）ノーマル［高低低低］（normal〈低高高高〉、2014、中級後半）

2-2-3　近畿方言

　方言学習の必要性の有無についてはひとまず置き、日本国内でも滞在先によって学習者は多かれ少なかれその地域の言葉の影響を受けることがある。アクセントもその影響の 1 つである。筆者自身は長く関西地方に滞在していたため、アクセントを含め近畿方言の影響をかなり強く受けている。具体例を挙げると以下の通りである。

（68）いぼ［疣　高低］（〈低高〉、2003、上級後半）
（69）くつ［靴　低高］（〈高低〉、2014、初級前半）
（70）服［低高］（〈高低〉、2014、初級後半）

　このうち、日常生活と深く関わる「靴」「服」のアクセントが近畿方言の影響を受けたものを示す好例である。また、（71）～（74）は、使用頻度が高い指示詞や疑問詞も近畿方言の影響を受けやすいことを物語っている。

（71）いつ（までも）［高低低低低］（〈低高高高高〉、2005、初級前半）

（72）どれ（も）［高低低］（〈低高高〉、2005、初級前半）

（73）どんな（ときでも）［高低低高低低］（〈低高高低高低低〉、2005、初級前半）

（74）なにさん（ですか）［何さん　高低低低］（〈低高高高〉、2014〉）

（75）の「ただ」と（76）の「みたい」も使用頻度の高い語と言えよう。

（75）ただ［高低］（〈低高〉、2005、中級前半）

（76）みたい（に）［高低低］（〈低高高高〉、2005）

とりわけ、(77) のように京阪式の「なんで」のアクセントにそのまま「だろう」を続けることによりかなり特異なアクセントをもたらす場合もある。

（77）なんでだろう［高低低低低低］（〈低高高高低低〉、2014）

2-2-4　再び「一語意識」について

「一語意識」については 2-1-1 節で簡単に触れたが、ここでもう一度取り上げたい。2 つ以上の語が複合する場合、全体のアクセントが変わるということを、筆者が最初に教わったのは中国で日本語を習いはじめた頃であった。それは自己紹介する際に用いられる、出身校名の「河北大学」という語のアクセントに関してだったと記憶している。そのため、漢語の複合形式に関してはこの点を強く意識して発音してきたつもりであった。

（78）海外旅行［低高高高高低低］（2005）

（79）国際交流［低高高高高低低低］（2005）

（80）自意識過剰［低高低低低高高］（2005）

しかし、(81) のように訓読みを含む語による複合形式の場合、全体の

アクセントの調整をうまく行えていない場合が多く見受けられる[18]。たとえば、(81)の「白黒」という語は、「白黒をはっきりさせる」という慣用句で使われる場合を除いては、「低高高高」で発音されるのが一般的であろう。この場合、日本語の「白黒」は1語として認識されているのである。筆者が〈高低高低〉で発音していたのは、中国語における「白」「黒」に対する1語意識が日本語と異なることに起因するものと考えられる。なぜならば、中国語では「白（色）」「黒（色）」がそれぞれ日本語のそれに比べて1語として強く認識されやすいからである。

　　(81)　しろくろ［白黒　低高高高］（〈高低高低〉、2014、中級後半）

　このように、訓読みを含む語を伴う場合、複合形式とわかっていても、ついつい個々の構成語のアクセントを並べて発音してしまい、複合形式の場合において全体のアクセントの調整がうまく行えなくなる。特に拍数が増えれば増えるほどこの傾向が強く見受けられるのである。

　　(82)　ひとつひとつ［一つ一つ、低高高高高低］（〈低高低低高低〉、2005、
　　　　中級前半）
　　(83)　ふたつへんじ［二つ返事　低高高高低低］（〈低高低高低低〉、2006）

3. おわりに

　本章は劉データを手がかりに質的分析を行い、アクセントの学習において日本語母語話者の教師の手助けを要する場合と学習者自身が中国語などからの影響を自覚する必要がある場合とに分けて、その概要を述べた。前者については、学習目的に応じた種々の教材でアクセント記号を提示するほか、同形異アクセントについても取り上げるのが効果的であると考えら

18　筆者は、最近（2016年）「上書き保存」を〈低高高高高高高〉で発音していることを日本語
　　母語話者に指摘された。

168

れる[19]。勿論、単語ごとのアクセントの提示が従来型の指導にないわけではない。特に中国の場合、磯村（2001）が指摘しているように、アクセント表記が付されている教材は8割以上にも上る。しかし、中国語を母語とする学習者がなかなか日本語アクセントを習得できないのは、個々の語のアクセントを提示するのみでは不十分であるということを物語っていよう。ノンネイティブの教師にはアクセントに関する知識が不足していると感じる人が多く、実際のところアクセント指導は日本語母語話者の教師に多くを委ねるしかないのが現状である[20]。

　こうした負のスパイラルから脱却するためには、アクセント核・アクセント型・「一語意識」・後続要素の付加によるアクセントの変化といった学習者にとって必須のアクセント知識の一部を教材の中に体系的に取り入れていく必要があろう[21]。散発的なアクセント指導ではなく、継続的かつ体系的なアクセント指導が求められる。一方、後者の負の転移については、指導内容として語彙シラバスに反映されにくいため、現段階においてこれといった解決策を提示できない。しかし、筆者自身の学習経験からすれば、無論個人差を考え合わせる必要はあろうが、学習者（特に上級以上でニア・ネイティブレベルを目指そうとする場合）は、中国語などからの影響の存在とその内容を把握した上で学習者自身によって能動的に語彙を学習することが必要であると考える。

　最後になるが、学習者にとっての必要な日本語アクセントとは、そもそも何かについても再度確認したい[22]。以下の4例を参照されたい。それぞれ、（75）（18）（41）（66）の再掲である。

19　磯村（2016：54）は「日本語においては、文の韻律には単語ごとのアクセントが深く関わっており、日本語非母語話者が文の韻律を適切に実現するためには、単語のアクセントを理解した上で、アクセントに合わせた韻律の実現が必要となる。」と述べている。筆者も同様な立場である。
20　近年、凌（2015）のような音声教育専門の教材もあるが、実際に指導できるのは、音声教育を専門とするごく一部のノンネイティブの教師に限られる。
21　従来の研究では、中国語を母語とする日本語学習者は「連母音」や「特殊拍」に核を置くといった教育指針に繋げられそうな研究成果（情報）がある。これらの研究が、教材開発に未だ活かされていないのが極めて残念である。
22　「一語意識」に関しても、教育現場では「一度下がったら二度と上がらない」という呪縛がある。塩田（2016b）の指摘通り、実際のアクセントはそれに当てはまらない場合も多々ある。

(84) ただ［高低］(〈低高〉、2005、中級前半)
(85) アイフォーン[23]［高低低低低］(〈低高高低低〉、2014)
(86) 各国［低高高高］(〈高低低低〉、2005、中級前半)
(87) データ［高低低］(data〈低高高〉、2014、中級後半)

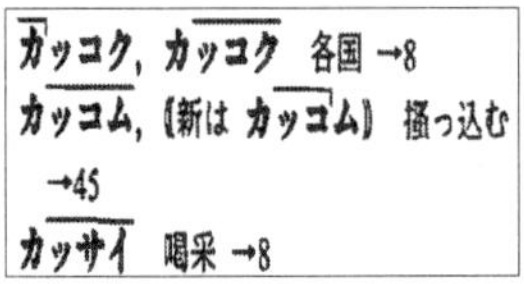
カッコク, カッコク 各国 →8
カッコム, (新は カッコム) 掻っ込む →45
カッサイ 喝采 →8

図４　金田一監修（2015：166）

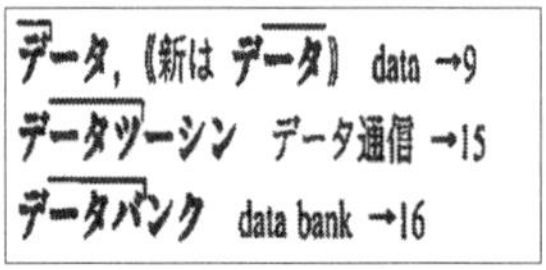
データ, (新は データ) data →9
データツーシン データ通信 →15
データバンク data bank →16

図５　金田一監修（2015：592）

(84) の「ただ」は、「高低」で発音すれば東京式アクセント、「低高」で発音すれば京阪式アクセントというように、東西のアクセントの差がはっきりしている。一方、(85) の「アイフォーン」のように、日本語母語話者であっても、いわゆる標準語のアクセントが判定できないものもある。また、(86) の「各国」〈高低低低〉と (87) の「データ」〈低高高〉は共に筆者が実際の発話で日本語母語話者にその場で指摘してもらい、手帳にメモ書きをしたものであるが、金田一監修の『新明解日本語アクセント辞典』(図４・図５) を確認してもわかるように、両方ともアクセント辞書に収集された用例に含まれている。このように、日本語学習者にとって習得が必要なアクセントとは何かについての議論がまた別に必要であろう[24]。

23　一般的には東では［高低低低低］、西では［低高高低低］と発音される傾向がある。「くまもん」のアクセントが「高低低低」なのか「低高高高」なのかについても議論されることがある。
24　実際のアクセントの指導の道のりはまだまだ遠いと言わざるを得ない。しかし、日本語母語話者の教師側と学習（経験）者側とが、それぞれの経験と知識をもち寄り、よりよいアクセント教育を構築していくことが望まれよう。

参考文献

鮎澤孝子（2003）「外国人の日本語アクセント・イントネーションの習得」『音声研究』
　　7-2、日本音声学会

磯村一弘（2001）「海外における日本語アクセント教育の現状」『2001 年度日本語教育学
　　会秋季大会予稿集』日本語教育学会

磯村一弘（2009）『国際交流基金日本語教授法シリーズ 2　音声を教える』ひつじ書房

磯村一弘ほか（2016）「日本語音声教育の現状と課題―アクセントの教育を中心に―」
　　『2016 年度日本語教育学会春期大会予稿集』日本語教育学会

NHK 放送文化研究所（2016）『NHK 日本語発音アクセント辞典』NHK 出版

奥野由紀子（2014）「日本語学習者のことば：母語と目標言語の間―日本語学習者のこ
　　とばの発達―」『日本語学』33-1、明治書院

金田一春彦監修（2015）『新明解日本語アクセント辞典』（第 2 版）、三省堂

侯鋭（2005）「日本語アクセントと中国語声調の比較―日本語話者の中国語声調問題を
　　めぐって―」『新潟経営大学紀要』11、新潟経営大学

蔡全勝（1983）「中国人に見られる日本語アクセントの傾向」『在中華人民共和国日本語
　　研修センター紀要日本語教育研究論纂』1、国際交流基金

塩田雄大（2016a）「漢語アクセントの現況―変化の「背景」を探る―」『放送研究と調査』
　　12 号、NHK 放送文化研究所

塩田雄大（2016b）「アクセントの記号をなぜ変えたのか？―NHK アクセント新辞典に
　　おける記号改訂の意味―」外国語発音習得研究会第 6 回研究集会基調講演資料

朱春躍（1993）「中国語話者の日本語アクセントの習得」『国際化する日本語―話し言葉
　　の科学と音声教育―』第 7 回「大学と科学」公開シンポジウム組織委員会

二通信子（1996）「中国語母語話者の日本語アクセント習得上の問題―動詞句のアクセ
　　ントの分析を通して―」『北海学園大学学園論集』89、北海学園大学

橋本慎吾（1995）「平板アクセントの実現―中国語母語話者の場合―」『音声言語Ⅴ』近
　　畿音声言語研究会

潘心瑩（2010）「北京語の声調特徴から予測する北京語話者におけるアクセント習得の
　　問題点」『言語学論叢』3、筑波大学一般言語学研究室

尤東旭（2002）「中国人日本語学習舎によく見られるアクセントの問題点」『留学生セン
　　ター紀要』5、新潟大学留学生センター

楊立明（1993）「中国語話者の日本語述部の韻律に見られる母語の干渉」『日本語音声と日本語教育』文部省重点領域研究「日本語音声」D1班平成4年度研究報告書

劉佳琦（2009）『東京語の動詞・複合動詞アクセントの習得―北京・上海方言話者を対象として―』早稲田大学博士学位申請論文

劉志偉（2015a）「第8章　学習者から見た文法シラバス」庵功雄・山内博之編『データに基づく文法シラバス』（現場に役立つ日本語教育研究シリーズ　第1巻）、くろしお出版

劉志偉（2015b）「学習者から見た文法シラバス拾遺―ニア・ネイティブレベルを目指すために―」『人文学報』503、首都大学東京人文科学研究科

劉志偉（2016a）「原語表記からカタカナ語への再現―中国語話者の場合―」『人文学報』512-7、首都大学東京人文科学研究科

劉志偉（2016b）「第5章　日本語学習者から見た語彙シラバス」森篤嗣編『ニーズを踏まえた語彙シラバス』（現場に役立つ日本語教育研究シリーズ　第2巻）、くろしお出版

劉志偉（2017）「学習経験者の視点から見た立体的な語彙学習について―中国語話者の個人学習メモを手がかりに―」『人文学報』513-7、首都大学東京人文科学研究科

凌蓉編著（2015）『日語語音教程』（修訂版）、上海外語教育出版社

終章

日本語の勉強の仕方

―学習メモの取り方―

はじめに

　語彙に限ったことではないが、学習メモを取ることは極めて重要である。メモの取り方について聞かれることが多かったので、本章では具体的にどのような内容、そしてどのように学習メモを取っていけばよいかについて述べる。なお、ここでいう「学習メモ」は尹（2011）または郷矢・瀬井（2020）が言及した授業内の「学習ノート」でもなければ、間接ストラテジーとして取り上げられる「言語学習日記」でもない。自然習得の中で、学習者が自律的に書き記す気になる表現の覚書的なものを指す。

　また、本書は（上級以上で）ニア・ネイティブレベルを目指すための語彙学習に焦点を当てているが、学習メモは初級・中級から意識すべきものである。学習経験者の視点から日本語学習の後進に初級・中級段階でしておくべきことなども合わせて伝えたい。

1．学習メモの取り方
1-1　メモを取る対象の範囲

　言語学習は一般的に計画的な学習と非計画的な学習とに二分できる。たとえば、語学の授業に加え、試験の準備、ひいては研究活動の中で論文を読むことも計画的な学習に含めることができる。これに対し、あらゆる日常生活における日本語との接触は日本語を体得する一環であるが、非計画的な点において特徴的である。大まかに言えば、日本語を体得する中で、気になった日本語であれば、そのすべてがメモの対象となる[1]。

1-2 「気になる日本語」とは何か

　前著の劉（2022b）『学習経験者の視点から見た日本語教育文法―ニア・ネイティブレベルを目指すために―』において筆者は「気になる日本語」について学習メモを手がかりに「理解と産出に関わる語と表現」「教科書で習った内容とずれのある表現」「間違って使った日本語表現」「不思議に思った日本語」の４つの表現種類に区分して取り上げた。本書では、獲得方法の観点から「接触」「指摘」「観察」の三方面から「気になる日本語」を詳しく捉え直したい。

1-2-1　接触による種々の未知表現[2]

　日本語に接する機会は様々な場面である。中でも日本語母語話者との会話、マスコミュニケーションなどにおける日本語母語話者同士の会話からのインプットが特に重要である。どのレベルの学習者でも未習または未知表現に遭遇する。許（2023）では言語学習アプリ HiNative における学習者の質問を調査した結果、初中級・中級が質問した語彙のうち、級外語彙が３割強を占めることがわかった。これらの語彙は、教材を用いた教室内での指導ではありえず、学習者が能動的にメモを取ったりする努力が唯一の解決法であると筆者は考える。

　そもそも未知表現の範囲を定めること自体に無理がある。実際の会話やTV 番組などで遭遇した未知表現を今後使うかどうかはさておき、貪欲に吸収する姿勢が重要である。たとえば、青ではじまる「青写真」「青物」「青空駐車」や、日本語母語話者でもさほど使わない「生まれてこの方」「今しがた」「僕としたことが」など、一度目にしたり耳にしたりすることがあれば、何でもメモに書き留める。以下、筆者の例をもう少し紹介しよう。

　既視感という現象は母語を問わず、誰でも遭遇し得る話題場面である。

1　筆者はメモのデータを「語彙」「文法」「問題意識」の３つに分けている。
2　書き言葉などの文型も含まれる。また、学習者の属性によって専門性のある語彙が存在する（ex.祝詞：のりと／続日本紀：しょくにほんぎ／百済：くだら／承久（の乱）：じょうきゅう）。

文を使ってそれを説明するより、日本語母語話者なら「デジャブ」という語が使われることのほうが多かろう。

「キーキーと音をたてないで！」「くちゃくちゃと音をたてながらものを食うな！」のように、（嫌という）ニュアンスを的確に表すのに、日本語の場合、オノマトペの役割が大きい。中国語にもオノマトペはあるが、様態補語などで構文的に対応する場合も多く、語彙レベルで置き換えるだけで対応できる単純な話ではない。勿論、「ズキズキ」「ギスギス」のような中国語母語話者にとってイメージしにくいものもメモの対象となる。

経験していない、または経験しえないことによる「経験不足」は理解に大きな支障をきたす場合がある。たとえば、「公文（くもん）」「ホームルーム」「三が日」などが挙げられる。ただし、中国語由来の「七夕」や、教材などで取り上げられることの多い「お盆」は問題ない。

現行の教育現場では教わらない内容も多い。若者言葉や流行語はその代表格として挙げられよう。たとえば、現在実際使われているものとして「ワンチャン」「ワンオペ（でやっている）」や、積極的な意味を表す係助詞「しか」の終助詞的用法（ex. これは飲むしか！）、「〜しか勝たん！」[3]などがある。また、ITの発達により、日常生活の中でもその関連語について、教材での指導が時代に追いついていない現状である（ex.「アイコン」「シリ（Siri）」）[4]。

初めて接する未知の言葉とは別に、教材類で取り扱われないことが理由で習得になっていないものもある。たとえば、教科書などでは取り上げない、または断片的にしか扱わない、話し言葉における縮約形などは常に学習者にとって関心の高い内容である[5]。初級で教わる「〜とく」「〜ちゃう」などに加え、「あの部長あんなこと言ってっけど、昨日俺にやられてっかんな」のようなラ行音の撥音化と促音化なども注目される。

このほか、どこまで取り入れるかという議論はあるが、一部の方言語彙

3　流行した年に伊澤（2021）、夛田（2021）などの卒業論文が発表されている。
4　「毎年この時期は秒で諭吉消えるわ」は今後「渋沢」になるかもしれない。時代性の語彙も重要である。
5　教材では扱われないものに「イ落ち」「ウの脱落」のほか、「バマ相通」（寂しい→さみしい／さむい（さみー）→さびー）、「ハ行とハ行の交替」（よろしく→よろぴく／なさる→なはる）などもある。詳しくは劉（2022b）。また、三枝（2017）は母語話者の視点から「って」を体系的に示している。このほか、劉（2023b）もある。

にも目を配る必要がある[6]。たとえば、「かしわ」という語は決していわゆる標準語にはならないが、鶏を意味することは広く知られている。なお、語彙レベルか文法項目レベルかの線引きは難しいが、「金輪際～ない」「伊達に～ない」のような教材では取り上げられることのない文型もある。

最後に、品位に欠ける表現についても触れておきたい。「お前の目は節穴か？」「欲求不満か」のように、日本語母語話者なら理解ができ、実際使用するものが多い。日本語らしい日本語という意味では、メモを取る際に迷いなく対象とすべきである。

1-2-2　指摘による様々な間違い

外国語の学習者なので、間違いがあるのは当然のことである。間違って使った表現をそのままスルーしてはいけない。特に指摘してもらえた場合、ただそれを正しい表現に言い直すだけでなく、少し立ち止まってどのような理由でそれを使ったのか、なぜこのように言い直さないといけないのか、などを考えることが重要である。さらにそれをメモに書き留めることにより、言葉に対する思考意識が高まり、徐々に語感というものが磨かれていくのである。

本文ですでに触れた例もあるが、筆者の実体験を二、三確認してみよう。「こちら」「これ」「ここ」などの指示表現は語の難易度としては低いが、上級以上になっても誤用の形で産出する可能性がある。第2章で紹介したように、筆者は、レストランで注文するときに、メニューを指して「こっち」と発話したことがその証左となる。筆者は話し言葉のつもりで、「こちら」の砕けた言い方として「こっち」を用いたが、友人に直された。また、うろ覚えで「これで失礼します」を「＊ここで失礼します」と発言し、間違っているよとその場で友人に教えてもらった。このほか、書き言葉の添削で「＊なぜならば～である」のように、本来「なぜならば～から／ためである」のように呼応的に使用する必要のある表現も指摘されたことがあった（劉

6　これに対し、「あまた」「顔る」など通時的観点を取り入れる必要のあるものもある（劉2022b）。

2022b）。

　また、友人の指摘がなければ、目上の人に対して「〜テオク」を使うことで偉そうまたは恩着せがましいと思われる可能性があることを知り得なかった。

　こうした母語話者による指摘なしでは筆者がそれに気づくことはなく、つい見過ごしてしまう可能性があった。教科書のみの学習では知り得ないことを生の声で間違いを指摘してもらえて、これ以上有難いことはないと感謝の気持ちでいっぱいである[7]。

1-2-3　観察による個々の気づき

　日本語の上達は、学習者自身による能動的な観察なしではありえない[8]。間違いを誰かに指摘してもらうのが最も理想的であるが、自分自身による観察も不可欠である。自分が産出した表現との比較を行い、母語話者が使用する日本語への観察が特に重要である。ここでは、アクセントの例をもって説明しよう。筆者自身は、「歯磨き」と「粉」をそれぞれ1語と認識し、「歯磨き粉（はみがきこ）」を「＊低高高低高」で産出していた。日常の会話であったため、特にアクセントに関する指摘は受けなかったが、相手の発話を聞いて「低高高高低」になっていることに気づき、メモを取った以後は後者のアクセントで発話している。ただし、観察といっても、複数のタイプが考えられる[9]。以下、アクセント以外のものについて概観する。

a. 教科書で習った内容とのずれ

　教科書で習った日本語と実際に耳にする日本語（日本語の使用実態）との間にずれがあることも少なくない。たとえば、可能表現と共起する「が」

7　その場で指摘してもらえるような信頼関係が重要である。日本語に関する確認や質問の頻度や、会話の相手との関係性を見極め、学習者は、日本語学習に対する熱意だけで行動してはいけない。なぜならば、度を越えた確認と質問で会話の流れを遮る恐れもあるからである。
8　未知表現も意識せずには気づかない可能性があるという意味では観察の一部として見直すことができる。
9　当然のことながら、複数のタイプにまたがるものもある。

と「を」の交替がよく例として取り上げられる。初級の教科書では「〜が可能動詞」で教わるが、実際のところ、「〜を可能動詞」も使われる[10]。

また、劉（2022b）でも触れたが、教科書では名詞などに後続する用法（ex. 子供っぽい）しか取り上げられていないが、実生活では「ex. 全員で参加するっぽい」のように、文に接続する「っぽい」の用法が存在することも教科書で習った内容とずれのあるものとして挙げることができよう。このほか、日常生活では耳にするが、「気が済むまで泣けば」「そんなに心配するなら自分で行ったら」のような「ば」または「たら」の放任用法は教科書では扱われない。

もう1例挙げよう。日本の教材では取り上げられないのに対し、中国国内の教材では「お待ちどおさま」「お粗末様でした」を定型句として提示するが、劉（2022a）で言及したように、これらは実際に使う場合が少ない。

b. 日中両言語における相違点

日中両言語における同形語の意味のずれに着目する研究の歴史は長く、特に新しい着眼点はない。個人差にもよるが、その差異に気づいた時点でメモに記してほしい。たとえば、「倍」「四半世紀」「中3日」を中国語の感覚で使用すると誤用に繋がってしまう可能性がある。

両言語における自動詞他動詞のずれがあることはよく言われるが、二格を取るいわゆる第二の他動詞と呼ばれるもの（ex.「ふれる」「つかまる」「かみつく」）にも注目する必要がある。

個別例として「つもり」は中国語に"打算""计划"といった対訳が想起されるが、「頑張ってきたつもりでしたが」のように、これらの訳に対応できない場合も多い。また、「彼は明日会いに行く予定でした」のような人魚構文と呼ばれる文型は、中国語母語話者にとって馴染みがなく、学習難点の1つとされる。「格好」「模様」「見込み」「塩梅」なども挙げられよう。

10　庵（2018：80）を参照されたい。このほか、「たい」については庵（1995）がある。

　日本語を少しでも勉強していれば、三人称主語の感情感覚形容詞は「～がる」などが必要という人称制限があることや、「扉が全く開かない」のような自動詞自体に可能の意が含意されるという「結果可能（無標式可能）」などに気づく。これらは中国語のそれと大きく異なる点である。文法項目においてはこうした両言語の相違点がほかにも多数挙げられる。たとえば、建石・劉（2021）では以下のものを挙げている。「数年前」は中国語と同様、不定のカは不要であるが、「何年か前（行ったことがある）[11]」の場合、不定のカを伴わない「＊何年前（行ったことがある）」とは言えない。また、中国語の影響を受けて、伝聞表現として「＊（第三者が）～と言った」と発話してしまうが、正しくは「（第三者が）～と言っていた」である。日本語として「あなたに合った仕事」は極めて自然であるが、中国語の発想ではまだはじまっていない仕事なので「あなたに合う仕事」と表現したくなる[12]。このようなテンス・アスペクトの違いはよく取り上げられるところである[13]。

　さらには、「朝から晩までずっと泣かれてうざかった」のように、中国語では一般的に自動詞による受身が使われないこと、「頭を働かせて（何か方法がないかともっと考えよう）」「（最近は外食ばかりだったので）かなり前に買ってあった野菜を腐らせてしまった」のような、身体部位関連の使役や責任を表す使役などが日本語の特徴的な使役文である[14]。

　なお、言語教育における対照研究の有効性と限界性については2-5節に譲る。

11　母語による負の転移で誤用に繋がる場合も多い。母語話者の指摘で気づく場合もある。筆者は故村木新次郎先生の研究室でこの誤用を指摘されたことを鮮明に覚えている。

12　砂川（1987）では連体修飾における「～に基づく」と「～に基づいた」の無対立について言及されている。

13　連体修飾において結果残存のテイル形がタ形とは意味上の対立がなくなるのに対し（ex. 割れている花瓶＝割れた花瓶）、動作の進行のテイル形はタ形とは意味が異なる（ex. 困っている人≠困った人）という点は特に学習者に提示する必要がある。

14　「魅了する」かそれとも「＊魅了させる」かは学習者にとって難点の1つである。日本語におけるスルとサセルの交替現象について森篤嗣氏による一連の研究がある。また、ヤルとスルに関しても、置き換えられるものとそうでないものがある。影山（1993）に詳しい。

c. 自発的な産出が難しい表現[15]

　母語話者の日本語を観察する過程の中で、自発的な産出が難しい表現、即ち「産出難」の表現が多数存在することに気づかされる。たとえば、「寝落ち」「泣き寝入り」などがそれであり、教科書で習わない表現として軽視したり、未習の表現として処理したりしてはいけない。産出難の語と認識し、真似て使用することが重要である。産出難の表現には、下位語（ex. 「エクレア」「マドレーヌ」）、苦手なカテゴリー（ex. 焼き加減「ミディアム」、トランプの柄「スペード」、記号類「コロン」）、固有名詞（ex. 「サイゼ（リヤ）」「タリーズ（コーヒー）」）など様々である。

　また、話し言葉で「（自ら）進んで〜する」「〜てはじめて〜」「どうりで〜」など中国語を思案しても日本語の産出に繋がらない表現がある[16]。これに対し、書き言葉では、「二十年前、彼は外科医として腕を確実に上げていった」のように過去を回想する「テイッタ」用法は学習者による使用がほぼ観察されない。

d. 難しいまたは不思議と感じる日本語

　日本語を勉強する過程で難しいまたは不思議と感じる経験は学習者なら誰しもがあろう。以下、学習する言葉として難しく感じるものと、日本語そのものとして不思議に感じる言語現象の2つに分けてみていく。

　難しく感じる日本語として、真っ先に類義語が思いつく。類義語といっても様々なレベルがある。「おこる／いかる」「探る／探す」「預ける／預かる」「通じて／通して」のような同根の場合、「憎む／恨む」「気軽に／気楽に」「ただ／ただし」「したがって／よって」など意味に差異を伴うもの[17]のほか、2語に限らず「むやみに／やたらに／みだりに」「みどろ／

15　指摘による間違いへの気づきとは別に、母語話者の会話などを観察することにより、自分自身が使用した表現が間違っていることに気づく場合もある。この場合もまた、この項に該当する。

16　「〜ようになる」という文型も産出が難しいものとして挙げられる。

17　共起する助詞が異なるもの「〜をさわる／〜にふれる」「〜を見習う／〜に習う」、複合語を構成するもの「〜にがす／〜のがす」「〜そこなう／〜そこねる／〜そびれる」などもある。

まみれ／ずくめ／づくし」のように複数の語が意味的に近似する場合がある[18]。また、形態的に「大きい／大きな」「おかしい／おかしな／おかしの」のようなものもあれば、「〜を頼る／〜に頼る」「〜に引き換えに／〜と引き換えに」のような同じ語でも助詞によって意味が異なるものもある。そして、「さす」「伴う」など両用動詞における自他用法の違いも類義表現の一環として考えることができよう。このほか、書き言葉における「〜によって／〜による」「〜において／〜における」の選択も同じである。

　単なる意味の近い語同士ではなく、同じ自動詞または他動詞で複数の語が存在する場合、その使い分けが学習者にとって極めて厄介なのである。たとえば、他動詞の「混ぜる」と自動詞の「繋がる」はそれほど学習者にとって難しくはないが、「混じる／混ざる」「繋ぐ／繋げる」のようにそれぞれ自動詞と他動詞が複数ある場合（「併存する自動詞・他動詞」（須賀1980））、その使い分けが難しい。ほかにも「閉じる／閉める」「含める／含む」「うめる／うずめる」「間違える／間違う」「うまる／うもれる」「起こる／起きる」「足りない／足らない」などを例として挙げることができる。また、「絡める／絡ませる」（「挟まる／挟まれる」）のように、他動詞と使役形（自動詞と受身形）もある[19]。

　類義語研究の蓄積が多いことは言うまでもない。類義語辞書類のほか、日本母語話者の内省による類義語研究の名著に柴田ほか（2002、2003a、2003b）などが挙げられる。ただし、なかなか「気づかれない類義語」（四天王寺大学高橋美奈子氏の用語）もあり、学習者の目からみ

図1　学習アプリ HiNative の実例

18　「余裕はないけど、ゆとりがある」のように、異なる品詞同士の類義語も少なくない。また、実質語だけでなく、機能語同士の類義語も多く存在する。このほか、類義語とは言い難いが、形式名詞のコト／ノ／モノの交替の可否も学習者にとって関心が強いポイントである。
19　「寝かせる／寝させる」や、再帰動詞関連で「着る／着せる／着させる」も挙げられる。

て学習が難しく感じる類義語はまだ多く存在する。ここでは学習者が思う類義語の範囲が母語話者のそれと異なる場合があることを強く主張しておきたい。換言すれば、学習者の視点からすれば、母語話者には類義語として決して見なされることのないペアも多くあるということである。たとえば、日本語母語話者からすれば、「いわゆる」と「いわば」には整然たる違いが認められるが、ペアとしてこれらの使い分けを知ろうとする学習者がいることを看過してはいけない。

　ところで、「伝説の英雄／痛恨のミス／最大のピンチ」のようなノのみが使われる場合もあれば、「邪悪な人間／姑息な行為／立派な選択」のようなナのみ使用されるものもある[20]。「未知」「充実」に至っては「未知なる世界」[21]「充実した一日」がそれぞれあるほか、「未知な世界／未知の世界」「充実な一日／充実の日々」のようにノとナの両方が用いられる場合も存在する。このような「ノとナの選択」は学習者を悩ませるポイントの1つである。そのうえ、「的の有無」問題が絡むとよりややこしくなる。「的」が不要なもの（ex. 曖昧な関係／邪悪な人間／姑息な行為／立派な選択）、「的」が必須のもの（ex. 本格的な（＊本格な）／奇跡的な（＊奇跡な））、「潜在能力」「潜在的能力」のように「的」が任意のもの、の3タイプがある。さらに厄介なのが「的に後続するナの有無」である。「魅力的な女性（＊魅力的女性）」（原田 2016）のようなナが必須なタイプと、「美的感覚（＊美的な感覚）」（原田 2016）のような的の後ろにナが不要なタイプのほかに、「決定的瞬間／決定的な瞬間」「歴史的発見／歴史的な発見」のようにナありナなしの両方が成り立つタイプもある[22]。

20　漢語に限らず、「アウトローの（な）ダンス／ダイナミックなダンス」のようにいわゆる外来語の場合もある。また、「大好きなキス／大好きのキス」「おしゃれな本／おしゃれの本」の場合、ナとノによって意味が異なる。さらには「千載一遇のチャンス／波乱万丈な人生」のように慣用表現にも接続の差が見受けられ、研究としては北澤・李（2019）が公表されている。

21　現代日本語におけるナ形容詞のナは助動詞ナリの連体形「なる」のルの脱落した形であることは言うまでもない。

22　「衝撃のニュース／衝撃なサプライズ／衝撃的事件／衝撃的な光景」「因果な商売／因果的関係／因果の関係／因果的な関係」のような複数の形式を有するものもある。

　また、「（の）なら」「（の）かもしれない」「言った（ん）じゃん」のような「ノの有無」が、学習者が難しく感じる学習の難点の1つである[23]。そして、「トイウ」節の有無も学習者にとって乗り越えられない壁の1つであろう。

　このように、学習者は形態上言葉があるかないかによってどのような違いがあるのかという点に特に強い関心をもっているわけである[24]。こうした違いを明らかにするために、従来の研究では辞書類またはアンケート調査を用いた考察が多かったように思われるが、コーパスの整備が整いつつある目下、十分教育に寄与できる研究が期待される。

　従来の研究では言葉のゆれの現象として「なさそう」と「なそう」のように、サの有無が注目されることが多いが、学習者にとっては「なさそう」より「〜そうにない」の違いを踏まえた上での産出が難点となる（銭2018）。こうした学習難点の文法項目についていくつか触れておこう。

・「考えられる」と「考えられている」はどちらも受身の意を表すが、「思われている」は受身であるのに対し、「思われる」は能動文の「思う」に近い意味で使われる。思考動詞の非対称性ともいうべき点は学習者にとって難点である[25]。
・有対自動詞と有対他動詞「はじまる」と「はじめる」を意識するあまり、複合動詞全体においても「〜はじまる」と「〜はじめる」で自他を分けようとする「中間言語」が生まれる（＊雨が降りはじまる）。「〜つく／〜つける」「〜つづく／〜つづける」「〜とまる／〜とめる」「〜こむ／〜こめる」などのペアにおいても同じことが言える。

23　説教する「さっき言ったじゃん」の場合は、ノ（ん）は不要である。「先生と一緒に写りたかった（ん）です」の場合、ノの有無によって写真撮影が終わったかどうかについて完全にわかれる。
24　阿部（2015）で取り上げた「〜（だ）と思う」も学習者にとって気になる項目の1つである。ほかにも、ぼかし用法の「〜のようでしたら」「〜のほどに感謝」「〜かと思われる」「〜（こと／もの）と思われる」が挙げられる。
25　庵（2017：54-57）を参照のこと。

一方、日頃から身の回りに使われている日本語を吟味すると、不思議な日本語の言語現象として捉えられるものが、そこら中に転がっているのである。

・テ形を作る際に、なぜ「問う」と「行く」がそれぞれ例外的にウ音便とイ音便になるのか。

・「御注意ください」でよかったところ、なぜ「御注意おきください」のように「～おき」が使われるのか（井上 2020）。

・「御無理はなされぬように」のレは何なのか（菊地 1997）。

・「返信」は「ご返信」しかないのに対し、「返事」は「お返事・ご返事」のように２つの形があるのはなぜか。

・自分にとってはじめての経験なのかどうかがはっきりわかっていても「はじめてかも」のように「かも」をつける。「否定するわけじゃないけど」と言いながら、実際は否定している。

・意志を表す表現に「～ようとする」がある。しかし、「車が盗まれようとしている」のような無意志の場合でも使われる。

・「小さな巨人」「嬉しい悲鳴」のように、矛盾する表現が共起する「撞着現象」[26] がある。

　学習者は形態面の違いに関心が強く、特に表現同士が置き換えられるかどうかに注目している[27]。

・同じ属性を表す形容詞であるが、「高さ／高み」の両方が言えるのに対し、「低い」の場合、「低さ」が言えて「＊低み」は言えない（曾 2017）。

・ＡっＢり型の語のうち、「やっぱり」「ぴったり」は「やっぱし」「ぴったし」のように、リとシの交替が認められるが、「ゆっくり」「びっくり」「びっしり」のように交替しないものもある。

26　中国語でも認められる（ex. "熟悉的陌生人"）。

27　NHK 放送文化研究所の「ことばの研究」／国立国語研究所の「ことばの疑問」／『問題な日本語』シリーズなどは、日本語母語話者による問題意識を知る貴重な情報源である。

28　オノマトペについては田守・ローレンス（1999）に詳しい。これに対し、漢語副詞の場合、「転々としている」はトが必須であるのに対し、「一々反抗する」はトが不要となる。通時的にはトが必須であったとされる（川瀬 2006）。

・「まんまと騙された」「どんどんやってください」「いきいき（と）している」
のように助詞トが必須、不要、任意の3タイプが存在する[28]。オノマト
ペにおける助詞の脱落や、「意外（と・に）」「雑然（と・に）」のように
「ニとトの選択」などの問題もある（峯 2007、羅 2009 など）。

・「ふり」と「ぶり」が一字違いで、「働くふり」「働きぶり」のように接
続が全く異なる。「勝つ気／勝ち気」「行く先／行き先」は連体形と連用
形の両方による接続はあるが、「乗り気」が言えて、「＊乗る気」は使わ
れない。

・「空き家」「隠れ家」「歩きたばこ」はそれぞれ「空いている家」「隠れる
ための家」「歩きながらのタバコ」の意を表す。連用形には多くの意味
がある（王 2019）。

・「恋愛」は「恋愛する」「恋愛をする」の両方が言えるが、「愛」は「愛する」
のみである。ヲの挿入可否も興味深い現象である。

・確認や詰問する際に、「言ったろ」「言っただろ！」「言ったであろう」
など複数の接続形式が認められる。（李 2021）。

・ナイを伴うものに複数のタイプがある（北原編 2004、永嶋 2020）。た
とえば、「敵わない／及ばない」は「敵わぬ／及ばぬ」と「敵いません／
及びません」の両方が言えるのに対し、「申し訳ない」は「申し訳あり
ません」しか言えない。「下らない／つまらない」は肯定形式「下る」「つ
まる」が基本的に使われない。「惜しみなく／淀みなく」は連用で多く
使われるのに対し、「禁じ得ない／極まりない」は文末表現として多用
される。ナイの前に助詞「が」または「の」が挿入可能かどうかにおい
ても違いが認められる。特に「少ない／危ない／切ない／勿体ない／や
るせない」はナイを切り離せない語（森山 2012）である。

1-3 メモを取る姿勢

　以上、日本語に接触する際に、「気になった表現」のすべてがメモの対象となることを述べた。ここではメモを取る姿勢についても断っておきたい。常にアンテナを張って日本語を考えることは容易くない。また、常にメモを取るのも強い意識が求められる。「後回しにしない」「巡り合ったら絶対記録」といった姿勢に徹することができれば、学習効果が絶大であるが、容易なことでは決してない。また、図2に示したように、どのような理由でメモを取ったのかも合わせて記すことが理想である[29]。

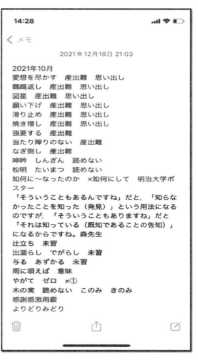

図2　劉の学習メモの実例

2. 中国語を母語とする学習者によくみられる特徴的な誤用（弱点）
2-1　読み方[30]

　読み方に関しては以下の点が挙げられる。

・ローマ字のＶの読みを「ブイ」というふうに意識する必要がある。また、Ｈの読みには「エイチ」と「エッチ」の両方があることも知っておく必要がある。（第7章）

29　彦摩呂風に言えば、「学習メモは研究テーマの宝石箱や～」。
30　「とる」「さす」「うかがう」に代表されるように、1つの読みに複数の漢字表記がある。日常生活では支障をきたすことは少ないが、論文など書き言葉において表記を正しく選択できるかどうかという課題はある。

・「羊頭狗肉」のように文字をみて意味を問題なく理解できることがアダ
　となり、日本語における「漢字語彙」の読みを疎かにする学習者が多い。
　また、「漢字語彙」に限らず、外来語などの読みも問題がないわけでは
　ない。(「緒言」)
・英語などの言語表記を日本人と同じようにカタカナ風に産出することは
　学習者にとって極めて難しい。たとえば、「Every Little Thing」が日
　本語では「エヴリ・リトル・シング」となる。中国語由来の「青椒肉絲」
　「回鍋肉」の「チンジャオロースー」「ホイコーロー」でさえ苦労する中
　国語母語話者の学習者もいる。(第7章)
・アクセントを視野に入れた場合、「埼玉」と「大学」が「埼玉大学」の
　1語を構成する場合、アクセントが変化する。こうした複合語のアクセ
　ントを特に意識する必要がある。(第8章)
・中国語の発音（ex.「イタリア」）や、一語に対する意識のずれ（ex.「白
　黒」「隣村」）によって、日本語のアクセントを正確に産出できない場合
　がある。中国語で判定しないことが重要である。(第8章)

2-2　語彙

　語彙については、中国語の影響を強く受ける場合とそれ以外の場合とに
分けて考えてみたい。
　中国語の影響を最も受けるのは、漢字を伴う漢語と和語で、即ち「漢字
語彙」(第3章)である。「漢字語彙」としての日本語の読みのみならず、
意味や用法なども中国語母語話者であるゆえに疎かにしてしまう可能性が
ある。日中同形語は意味のずれ（ex.「低調」「地道」）をはじめ、品詞(ex.
「観念する」「無心する」)、自他(ex.「発展」)、語順逆転(ex.「＊途中採用」
「相互」「証左」「劣悪」)など様々なずれが認められる。中国語を母語とす
る学習者だからこそ、以下のような中国語を意識したための誤用が散見さ
れる[31]。たとえば、「糸」「バス停」「本部(の電話番号)」のことを「線」「駅」

31　某日本語能力試験N1合格者の実例である。

「総部（の電話番号）」としたり、「体を冷ますこと」「血が出た（出血した）こと」を「＊体を散熱する」「?? 流血した」と表現したり、どちらも中国語をそのまま日本語の音読みにしただけの間違いである[32]。中国語では"停水停電"のようにどちらも"停"が使われているが、日本語では電気は「停電」であるのに対し、水の場合は「断水」となる。この点を知らず、「＊停水」の予定を一生懸命伝えようとしていた。また、中国語にとらわれすぎて、「お医者さん」を用いるのが自然なところ、「医者」としか言わないのも問題となる。

　中国語の影響は単なる中国語の「漢字語彙」を音読みにするだけでとどまらない。中国語の"尴尬""上火""关心"は概ね「気まずい」「炎症を起こす」「気に掛ける」に該当するが、これらは訳しにくい語である。また、"青春痘"を「ニキビ」とペアで暗記するだけでは、「吹き出物」が全く産出されない。

　また、中国語の影響が漢語以外の語種の習得に負の影響を与える。たとえば、「コットン」「ケーブル」を「綿」「電線」でカバーしようとする。

　このほか、中国語母語話者が漢字を手がかりに理解するという意味では、ある程度日本語を習っていれば、「使い勝手」「衣替え」「指折り」を見せられると理解はできるが、能動的なこれらの語の産出も厳しいものであろう。

　語彙と文法は連続的である。建石・劉（2017）では、「＊きょうよる」「＊10時行く」「＊上空」「＊上目線」「＊参考する」など中国語母語話者によくみられる助詞脱落の誤用のほか、中国語の影響で日本語内部の類義語の使い分けを難しく感じる「照れ臭い／恥ずかしい」「痒い／くすぐったい」「口封じ／口止め」といったペアを取り上げている。

　一方、漢字を伴わない場合、言い換えれば外来語やオノマトペの学習についても中国語母語話者が苦労するところが少なくない（第2章）。「ボキャブラリー」「プレミアム」を「＊ボキャブリー」「＊プレミア」のようにうろ覚えになりやすい外来語や、中国式英語発音の影響を受けて、「ナチュ

32　筆者自身も「＊今日はどこのホテルに住むんですか」「＊筋肉が酸っぱい」「＊タオルがくさっちゃう」などと発話していた。

ラル」「バス」「フルネーム」を「＊ナチュナル」「＊バース」「＊フルーネーム」のように発話してしまうものがある。

　また、外来語と同じように、漢字を伴わない分、意味をイメージしにくいオノマトペが存在する。また、「喉がからから」「ぐびぐび水を飲む」のようにオノマトペを伴ったいきいきとした描写は簡単ではない。

　それ以外の注意点も列挙しておこう。

・言葉の「卓立性」が言語学習に影響を与えることがある。中国語母語話者の発話で「？日本に行くチャンスがありましたら、ぜひ行ってみたいです。」とよく耳にする。日中同形語の "机会" が存在するのに、わざわざ苦手とされる外来語である「チャンス」を使いたがる（後藤2022）。

・話し言葉と書き言葉の別にも注意する必要がある。友人との日常的な会話の流れで唐突に「〜はもとより」「〜ざるを得ない」「〜と言っても過言ではない」などが用いられては違和感を覚える。

・中国語の日常会話にはその習慣がなく、日本語で話題を変えるときの「あっそうだ」「話、変わるけど」といった前置きを意識的に用いないと「話が急に変わって唐突である」と指摘されてしまう。

・中国語の慣用表現の影響に受けての日本語「産出困難」となる場合が広く確認される（第5章）。中国人は日常会話でも比喩表現や慣用句を多用する傾向がある。これらの表現を日本語に直訳または意訳しても日本語母語話者に伝わらないケースがしばしばある。たとえば、"你当我是纸老虎啊？" を「あなたは私のことを折り紙のトラだと思っているでしょ！」と直訳しても日本語母語話者には何のことかとポカーンとされる。上級以上でも「俺のことをお飾りだと思ってたら、大間違いだぞ！」「私のこと、全く眼中にないっしょ！」のような日本語らしい日本語になかなか訳せない問題がある。普段からうまく伝わらない表現に注目する必要がある。

2-3 文法

　中国語母語話者に特に顕著にみられる誤用は、以下のようなものが挙げられる（建石・劉 2017）。

・中国語では動詞または 2 文字以上の形容詞による連体修飾は一般的に構造助詞と呼ばれる "的" を伴うことが一般的である。中国語母語話者には「＊お母さんが作ったのお弁当」「＊可愛いのパンダ」のような誤用がよく見受けられる。

・初級で習う「～に～がある／いる」の影響もあり、「＊ 3 つがあります」「＊ 4 人がいます」がよく聞かれる。

・中国語では身体部位や所有物を構造助詞の "的" を用いて一体化して使われるため、中国語母語話者は「?? 私の足が踏まれた」「?? 私の財布が取られました」と表現するが、被害や迷惑を表すためには正しくは「（私は）足を踏まれた」「（私は）財布を取られた」と言わなければならない。

・日本語の自動詞の一部は可能形にすることなく、それ自体に可能の意が含意される場合がある。たとえば、「窓が全く開かない」がそれである。これは「結果可能」と呼ばれ、日本語と中国語が大きく異なる点の 1 つと言える。ここでは、「毎日これを飲むと、もっと元気になれる。」が言えるのに対し、「＊チョコチップを少し入れると、もっと美味しくなれる。」は言えないというタイプ（山田 2023）が存在することを喚起しておきたい。

・日本語では、三人称が感情感覚形容詞と共起する場合、「～がる」などの表現を用いなければならないという人称制限がある。「＊プレゼントをもらった彼はとてもうれしい」は非文となる。日本語の特徴的な現象であり、多くの研究の蓄積がある。しかし、一人称と二人称がそれぞれ接尾辞「がる」とどのように共起するかについて看過されてきた（尾藤 2022）。

・「忘れた」と「忘れてた」のどちらも中国語で "忘了" で表すが、日本語では両者は使い分けられる（陳 2012）。

・「＊彼に教えてくださった」のような誤用が見受けられる。「～てくださ

る」と「〜て頂く」を単独で覚えるのではなく、「〜が〜てくださる」「〜
に〜て頂く」のように助詞と一緒に覚える必要がある（劉 2020）。
・中国語母語話者は丁寧に言葉を言おうとするがために、本来普通体を要
する文型に対し、普通体をですます調に改めてしまう場合がある。研究
計画を発表するときに、筆者は「＊〜ですか〜ですかについて研究した
いです」を幾度も耳にしている。

2-4　中国語母語話者にとっての禁句

　ここでは敢えて「中国話話者にとっての禁句」を設けた。ある程度流ちょ
うに日本語を扱えるようになっても、中国語を母語とする学習者が「そう
そうそう」「はいはい」を連呼したり、目上の人との会話において「うん」
と相槌を打ったりする。また、確認用法の「でしょ！」もきつく聞こえる
表現である。
　また、中国語では「死ね」「邪魔」「早く」「は？」などに相当する表現
は冗談、もしくはニュートラル[33]に使われる場合があるが、日本語では相
手との関係に大きな支障をきたす恐れがあるため、使用しないほうが無難
である。舌打ちもしてはいけない。
　このほか、「あんた」はもってのほか、「あなた」も多用すべきではない[34]。

2-5　日本語教育における対照研究の成果の有効性と限界性

　言語学的対照研究と言語教育のための対照研究を区別しなければならな
い。日本語教育に限定して考えた場合、対照研究の成果の有効性と限界性
の両面を認める必要がある。学習者の学習上の障害や誤用が「母語の干渉」
によってすべて説明できるという主張が誤りであることは 20 世紀 80 年代
にすでに定説となっている（宮地・田中 1988：74）。学習レベルが上がる

33　中国語では目上の相手に対し、「太ったね」（余裕が出て幸せ太り／逞しくなった）「〜した
　いですか」を問題なく使用できるが、日本語では失礼な表現となる。
34　中国語と異なり、日本語の場合、人称名詞を明示しなくてよい場合が多い。具体的な理由に
　ついては加藤（2014）を参照されたい。

につれ、対照研究の成果を活かした教育の効果は限定的であると言える。母語にこだわりすぎるがために日本語らしい日本語を身につけられない可能性さえある。

　無論、言語教育の対照研究が無意味というわけではない。構文やカテゴリー別に言語教育に効果のあるものと効果がないものが存在することを認識した上で、対照研究の成果を活かした言語教育を見つめなおすことができるのではないかと筆者は考える。

表1　カテゴリー別にみた言語教育における対照研究の成果と有効性と限界性

効果	方向	言語別	例
あり	双方	両方	指示詞[35]／動詞（自他：場所経路のヲ格・第二の他動詞・両用動詞；複合動詞）／思考動詞／（格）助詞（介詞忘れ／カラ格主語）／漢語語彙「的」の有無／テンス・アスペクト／形式名詞（はず・つもり）／（モダリティ）／授受構文／視点視座／日中同形語／字形字画／二重否定／単文複文
	片方	日本語学習	ナトノの選択／不定のカ／無標式可能／感情感覚形容詞の人称制限と解除／持ち主受身／自動詞による受身／特徴的使役「トマトを腐らせる」「口を滑らせる」／「〜ようになる」／テオク回避／トイウ節の有無／するーさせるの交替
		中国語学習	語順／オノマトペ／（一部の補語：様態補語）／目的語成分／把構文／存現文／有構文／比較構文／名詞述語文／連動文／的・地・得／数量詞（「一」の有無）
なし			ハとガ[36]／ノダ構文／形式名詞（一部：の・もの・こと・わけの有無）／敬語体系

3. 教室外の日本語学習の手順

　「意味が通じる（コミュニケーション）VS日本語らしい日本語」という構造はあるが、学習目標は学習者自身が決めることである。後者を目指す場合、ただたくさんの言葉を覚えるだけ、またはただ理解できた／通じた

35　日中両言語の指示詞の対応に着目する研究が多いが、「ああ言えばこう言う」「その節は〜」のように慣用句などに用いられる指示詞の研究はない。また、「例の」「今の」など中国語では指示表現に訳されることがあり、対照研究としての課題は残されている。

36　ハとガの使い分けが中国語母語話者にとって難しいことは言うまでもない。研究の蓄積は多いが、疑問詞とどのように共起しているかなどなお課題はある。

だけではその目標に達することはなかろう。この点は日本語の特質によって説明される。たとえば、英検（実用英語技能検定）1 級で bad を聞き取れない学習者はいないだろう（劉 2023）。しかし、筆者は日本語能力試験1 級に合格したあとも、難易度の低い「悪い」のエ段長音化した「わりー」を聞き取れなかったという実体験をしている。こうした実体験を踏まえた上で、日本語が上達する人とそうでない人との違いは以下の 4 点にあると主張し、教室外の日本語学習の手順として紹介したい。

①確認するかどうか
②観察するかどうか
③メモを取るかどうか
④真似るかどうか

②の観察と③のメモについては 1 節で詳しく述べたが、ここでは、①の確認と④の真似るを中心に述べる。

本章は初級・中級の学習者への助言の意図が強く込められている。①の確認は筆者が最も提言したい箇所の 1 つである。初級・中級の段階においてまだ理解できない表現が多く、産出もままならない。そのときこそ常に確認する姿勢が重要である。特に以下の文言を用いて常に実践してほしい。

・もう一度言ってもらえますか
・書いてもらってもいいですか
・「〜」は日本語でなんて言いますか
・（自分の表現で説明したのち）こういう場合、自然な日本語でどう言うふうに言いますか

また、日頃から日本語の確認をしたり、観察したりして、理解した日本語などをメモに書き留め、最終的には真似て使用することこそ最終的な習得に繋がる。語や文型などの表現は勿論のこと、アクセントやイントネーションなどを真似ることも重要である。ここでは、話し言葉のレベルを図

るために、教科書では教わらない一部の表現のみ挙げる。

・そっちこそ
・こっちのセリフ
・言われる筋合いはない
・一駅分歩いてる
・言われればそれ（そこ）までだが
・どの口で言ってるの
・絶対やる（言う）と思った
・望むところだ
・よりによって〜
・いま〜してるとこ
・あと少しで〜ところだった
・自分のことかのように〜
・自分から進んで〜する
・自分のことを棚に上げて〜
・お言葉に甘えて〜
・ダメ元で〜する
・やっとの思いで〜
・切りのいいところで〜
・見返りを求めずに〜をする
・見よう見まねで〜する
・わかるようでわからない
・〜てはじめて〜
・〜なかったことにしてください
・〜なければよかった
・〜の間違い
・〜を言いたいだけじゃん
・〜てきたつもり
・〜で何より

・〜と思ったら大間違い
・〜ようじゃないか

4. おわりに

　日本語が下手と思われる要因として、中国語を母語とする学習者の特有なイントネーションとアクセントや、特殊拍など[37]の発音、うろ覚えを含む読み方の間違いが多いこと、活用の間違いに加え、両言語間の自他や助詞類の違いが顕著であることが挙げられる。中国語を母語とする学習者の場合、これらの点をクリアしなければ日本語能力試験の1級またはN1に合格しても評価されない。また、さらに上のレベルを目指す際には特にこれらの点を意識しておかなければならない。後進の皆さんにはぜひ本章で紹介したように、学習メモを取りつつ、以下の点を意識して日本語の学習に臨んでほしい。

①母語を頼りすぎないよう、母語で産出表現を考えないようにする。言い換えると、すべて漢語（中国語の影響）でカバーしようとしない。
②漢語以外の語種を意識する（ex. ブラインド）。
③読みを疎かにしない。「漢字語彙」は勿論、漢語以外も、和語や外来語の読みをうろ覚えしない。
④単語をたくさん覚えるのではなく、助詞類を含むコロケーションで言葉を覚える。
⑤語彙量を増やす一環として、普段から類義語を意識的に覚える（ex. 文句、愚痴、ケチをつける、クレーム、注文／調子に乗る、図に乗る、調子をこく、いい気になる、思い上がる、調子づく）。

37　特殊拍については、撥音と促音には音声学的に複数のタイプがあること。これに対し、中国語母語話者には長音が特に苦手とされるが、劉（2023a）で述べたように、背景にはレベルが異なる様々な要因が認められる。また、特殊拍ではないが、拗音の長短にも気をつける必要がある。

また、生の日本語を身に着けるためには、TV 番組などをたくさん観ることをお勧めする[38]。言えなかったりわからなかったりするときは必ず日本語で質問し、言えなかった表現もそのまま放置しないことが肝要である。場合によっては、言い訳や喧嘩も日本語でいう覚悟さえ必要となってくるかもしれない。こうした努力と実践を経て、少しずつ自分が使う日本語に自信をもちはじめ、外国人ながら今自分が発した表現は日本語として絶対正しいという判断ができる。最終的には日本語らしい日本語を目標に目指していこう。

38　アクセント・表現・言葉の違いなどをすぐ確認できるように、最初の段階はテレビ番組を録画して鑑賞することをお勧めする。

参考文献

浅川哲也・竹部歩美 (2014)『歴史的変化から理解する現代日本語文法』おうふう

阿部二郎 (2015)「引用句内におけるコピュラの非出現について―「～だと思う」と「～と思う」―」阿部二郎・庵功雄・佐藤琢三編『文法・談話研究と日本語教育の接点』くろしお出版

阿部二郎 (2017)「間接疑問節（「～か／～かどうか」）に後接する格助詞の有無について―コーパスから見る分布の実態―」『語学文学』56、北海道教育大学語学文学会

庵功雄 (1995)「ガ～シタイとヲ～シタイ―格標示のゆれに関する一考察―」『日本語教育』86、日本語教育学会

庵功雄 (2017)「一歩進んだ日本語文法の教え方 1」くろしお出版

庵功雄 (2018)「一歩進んだ日本語文法の教え方 2」くろしお出版

庵功雄 (2020)「日本語教育文法に求められるもの」『一橋日本語教育研究』8、ココ出版

伊澤佳那依 (2021)「「（和語動詞）＋しか」で表す積極性に関する一考察―一人称単数に焦点を当てて―」埼玉大学教養学部 2020 年度卒業論文

井上直美 (2019)「失礼な「テオク」について―「テオク」の級外下位ポイントに着目して―」日本語学会 2019 年度秋季大会予稿集、日本語学会

井上直美 (2020)「「彼は笑ってみせた。」は何を見せたか―書き言葉の「てみせた。」の意味機能に注目して―」『日本語の研究』16-1、日本語学会

井上直美 (2022)「「～てナンボ」の意味・機能―ウェブコーパスを用いて―」『日本語文法』22-1、日本語文法学会

尹智鉉 (2011)「日本語学習者の第二言語習得と学習ストラテジー」『研究紀要』81、日本大学文理学部人文科学研究所

遠藤直子・菅谷有子・中村亜美 (2018)「理工系学習者への～テイクの用法提示について―『理工学系話し言葉コーパス』と日本語教材の調査から―」『日本語教育』171、日本語教育学会

王鑫 (2019)「「自動詞連用形＋名詞」型複合名詞における前後項要素の関係性について」埼玉大学教養学部 2018 年度卒業論文

影山太郎 (1993)『文法と語形成』ひつじ書房

加藤晴子 (2014)「代名詞（代詞）」沖森卓也・蘇紅編著『中国語と日本語』朝倉書店

川瀬卓 (2006)「象徴詞の「と」脱落についての通時的考察」『語文研究』100・101 合号、

九州大学国語国文学会

菊地康人（1997）『敬語』講談社

北澤尚・李琳（2019）「四字熟語の連体修飾用法における「〜な」「〜の」の使用実態」『東京学芸大学紀要Ⅰ　人文社会科学系』70、東京学芸大学学術情報委員会

北原保雄編著（2004）『問題な日本語—どこがおかしい？何がおかしい？—』大修館書店

許昱（2023）「言語学習アプリHiNativeから見る日本語学習者の問題意識について—学習者の級外質問を中心に—」埼玉大学大学院人文社会科学研究2022年度修士学位申請論文

後藤隆幸（2023）「日本語「チャンス・機会」と中国語「机会」について—日中対照研究の見地から—」埼玉大学大学院人文社会科学研究2022年度修士学位申請論文

郷矢明美・瀬井陽子（2020）「学習者の自律学習ノートに見られる個々の学習の進め方」『関西学院大学日本語教育センター紀要』9、関西学院大学日本語教育センター

蔡珮菁（2007）「連語と交替可能な臨時的複合語の語構成—新聞社説における「A的なB」と「A的B」の場合—」『日本語の研究』3-3、日本語学会

三枝令子（2015）『語形から意味へ—機能中心主義へのアンチテーゼ—』くろしお出版

澤田淳（2008）「「変化型」アスペクトの「テクル」「テイク」と時間性—タ形「テキタ」と「テイッタ」の非対称的な分布に注目して—」『日本語の研究』4-4、日本語学会

塩田雄大（2019）「"すべき"の問題をどうするべきか—2018年「日本語のゆれに関する調査」から—」『放送研究と調査』68、NHK放送文化研究所

柴田武ほか（2002）『ことばの意味—辞書に書いてないこと—』平凡社

柴田武ほか（2003a）『ことばの意味2—辞書に書いてないこと—』平凡社

柴田武ほか（2003b）『ことばの意味3—辞書に書いてないこと—』平凡社

周怡来（2017）「連体修飾節に現れる「トイウ」の機能について」『比較社会文化研究』22、九州大学大学院比較社会文化研究科

須賀一好（1980）「併存する自動詞・他動詞の意味」『国語学』17、国語学会

砂川有里子（1987）「複合助詞について」『日本語教育』62、日本語教育学会

石立珣（2021）「動名詞の連体用法「VNノN」の使用実態と成立条件—中国人日本語学習者の使用状況から—」『日本語教育』179、日本語教育学会

銭俊（2018）「いわゆる様態の「そうだ」の否定形について—母語話者と学習者の規範意識と使用実態の比較を中心に—」埼玉大学教養学部2017年度卒業論文

曾寶儀（2017）「「〜さ」派生名詞と「〜み」派生名詞に関する一考察—共起表現をめぐって—」『お茶の水女子大学比較日本学教育研究センター研究年報』13、お茶の水女子大学比較日本学教育研究センター

夛田杏子（2021）「「優勝する」「しか勝たん」の新用法」同志社女子大学 2020 年度卒業論文

建石始・劉志偉（2021）「第三章　母語の影響」杉村泰・崔小萍・建石始・劉志偉・陳建明・中俣尚己・陳秀茵著『（日本語教師読本 33）中国語話者に教える』WEB JAPANESE BOOKS

田守育啓・ローレンススコウラップ（1999）『オノマトペ—形態と意味—』くろしお出版

張威（1998）『結果可能表現の研究—日本語・中国語対照研究の立場から—』くろしお出版

張麟声（2001）『日本語教育のための誤用分析—中国語話者の母語干渉 20 例—』スリーエーネットワーク

陳昭心（2011）「「忘れた」と「忘れていた」の使い分けに関する指導上の留意点—思い出した際の反応としての発話を中心に—」『日本語／日本語教育研究』2、日本語／日本語教育研究会

坪根由香里ほか（2001）「学習者から見た効果的な語彙の指導法・学習法—アンケート結果より—」『小出記念日本語教育研究会論文集』9、小出記念日本語教育研究会

永澤済（2011）「漢語「一な」型形容詞の伸張—日本語への同化—」『東京大学言語学論集』31、東京大学大学院人文社会系研究科・文学部言語学研究室

永嶋葵（2020）「「〜ナイ＋様態のソウダ」におけるサの有無について—前方共起に着目して—」埼玉大学教養学部 2019 年度卒業論文

西坂祥平（2021）「中国語を母語とする日本語学習者による「ている」「ていた」の習得—習熟度・テンス・動詞タイプからの考察—」『日本語教育』180、日本語教育学会

原田朋子（2016）「接尾辞「的」の連体修飾用法「- 的 φ」と「- 的な」に関する一考察」『同志社大学日本語・日本文化研究』14、同志社大学日本語・日本文化教育センター

原田朋子（2017）「連体修飾用法、連用修飾用法、終止用法の分布状況から見た接尾辞「的」の一考察」『同志社大学日本語・日本文化研究』15、同志社大学日本語・日本文化教育センター

尾藤眞裕（2022）「一人称・二人称における接尾辞「がる」の使用実態について—文末

用法に着目して—」埼玉大学教養学部 2021 年度卒業論文

馬雲（2018）『字順の逆転する二字漢語についての研究—日中対照研究の観点から—』首都大学東京（現東京都立大学）2018 年度博士学位申請論文

藤本珠笛（2022）「人称代名詞における複数を表す接尾辞「ら」「たち」の使い分けについて—「彼たち」はなぜ言えないのか—」埼玉大学教養学部 2021 年度卒業論文

松本匡史（2021）「ノの有無による文末ダロウ類の使い分けについて—日本語母語話者作文の使用実態から—」『日本アジア研究』18、埼玉大学大学院人文社会科学研究科

松本匡史（2021）「ダロウカとノダロウカの使い分けについて—日本語母語話者作文の使用実態から—」『さいたま言語研究会』5、さいたま言語研究会

峯正志（2007）「オノマトペの様態副詞における助詞の有無」『金沢大学留学生センター紀要』10、金沢大学留学生センター

宮島達夫（1985）「ドアをあけたがあかなかった—動詞の意味における〈結果性〉—」『計量国語学』14-8、計量国語学会

宮地裕・田中望（1988）『日本語教授法』大蔵省印刷局

村木新次郎（2012）『日本語の品詞体系とその周辺』ひつじ書房

村木新次郎（2019）『語彙論と文法論と』ひつじ書房

森篤嗣（2004）「形容詞連用形に後接するスル—サセルの置換について—」『日本語教育』120、日本語教育学会

森篤嗣（2006）「名詞句に後接するスル—サセルの置換について」『KLS』26、関西言語学会

森篤嗣（2012）「使役における体系と現実の言語使用—日本語教育文法の視点から—」『日本語文法』12-1、日本語文法学会

森篤嗣（2014）「漢語サ変動詞におけるスル—サセルの置換について—」『帝塚山大学現代生活学部紀要』10、帝塚山大学現代生活学部

森篤嗣（2015）「「まで」と「までに」の肯否体系について」『日本語／日本語教育研究』1、日本語／日本語教育研究会

森山卓郎（2012）『日本語・国語の話題ネタ—実は知りたかった日本語のあれこれ—』ひつじ書房

楊凱栄（1989）『日本語と中国語の使役表現に関する対照研究』くろしお出版

山田優里花（2023）「無標識可能動詞「ナル」についての一考察—BCCWJ を手掛かりに

—」埼玉大学教養学部 2022 年度卒業論文

羅米良（2009）「現代日本語における「に／と兼用型」副詞について」『国際文化学』20、神戸大学国際文化学研究科

李分然（2020）「過去推量形「〜タロウ」と「〜タダロウ」の使用実態—BCCWJ の文学作品を資料として—」『さいたま言語研究』4、さいたま言語研究会

李在鎬（2013）「形状詞の「ナ」共起と「ノ」共起のコーパス基盤調査」『計量国語』29-3、計量国語学会

呂雷寧（2014）《現代日語中无意志自动词可能表达的研究》上海交通大学出版社

劉志偉（2018）「日本語教育の立場から垣間見たラ行音撥音化—日本語学習者の視点から—」『埼玉大学紀要（教養学部）』54-1、埼玉大学教養学部

劉志偉（2022a）『敬語三分類に拠らない現代日本語の敬語指導に関する提案—外国人の目から見た日本語の一環として—』日中言語文化出版社

劉志偉（2022b）『学習経験者の視点から見た日本語教育文法—ニア・ネイティブレベルを目指すために—』日中言語文化出版社

劉志偉（2023a）「学習過程における「モヤモヤ感」について」『日本語文法』23-1、日本語文法学会

劉志偉（2023b）「学習者にとって厄介な「って」」『埼玉新聞』（2023 年 7 月 28 日）

あとがき

　言語について考察する際、見聞きできる「文字（表記）」「音声」という外側、そして言葉を構成する「文法」「語彙」のような内側、さらには「敬語」のような言葉の運用の３方面から捉える立場がある。日本語教育において「文字（表記）」「音声」の指導は勿論重要である。

　筆者はこれまで学習経験者の視点からみた「文法」「敬語」の学習について私見を述べた。本書は、「語彙」を取り上げたものである。各章の論文初出一覧は以下の通りである。

　　緒　言　書き下ろし（以下の※論文のごく一部を取り入れている）
　　　　　　※劉志偉（2023）「学習過程における「モヤモヤ感」について」
　　　　　　『日本語文法』23-1、日本語文法学会
　　第１章　劉志偉(2016)「第５章　日本語学習者から見た語彙シラバス」
　　　　　　森篤嗣編『ニーズを踏まえた語彙シラバス』（現場に役立つ
　　　　　　日本語教育研究シリーズ　第２巻）、くろしお出版
　　第２章　劉志偉（2017）「学習経験者の視点から見た立体的な語彙学
　　　　　　習について―中国語話者の個人学習メモを手がかりに―」『人
　　　　　　文学報』513-7、首都大学東京人文科学研究科
　　第３章　劉志偉（2022）「中国語話者は「漢字語彙」が読めない―音
　　　　　　読みの語をひとまず取り上げて―」『中国語話者のための日
　　　　　　本語教育研究』13、中国語話者のための日本語教育研究会
　　第４章　劉志偉（2022）「中国語話者上級学習者から見た漢字を伴う
　　　　　　和語学習の難点について―日本語学習メモを手がかりに―」
　　　　　　『JSL漢字学習研究会誌』14、JSL漢字学習研究会

第5章　劉志偉（2022）「慣用表現学習上の問題点について―中国語の慣用表現を受けての日本語「産出困難」も視野にいれて―」『埼玉大学紀要（教養学部）』58-1、埼玉大学教養学部

第6章　劉志偉（2017）「ニア・ネイティブレベルを目指すためのカタカナ語学習に関する一考察―中国語話者のケーススタディーを通して―」『高橋弥守彦教授古稀記念論文集』国際連語論学会

第7章　劉志偉（2016）「原語表記からカタカナ語への再現―中国語話者の場合―」『人文学報』512-7、首都大学東京人文科学研究科

第8章　劉志偉（2017）「新しい日本語教育のアクセント学習において必要なもの―中国人日本語学習者の〈学習メモ〉の分析から―」『言語の研究』3、首都大学東京言語研究会

終　章　書き下ろし

特に第1章の転載についてはシリーズ本監修者でいらっしゃる山内博之先生（実践女子大学）、出版元のくろしお出版の池上達昭さんにご快諾頂いたことに深謝申し上げる。砂川有里子先生（筑波大学名誉教授）をはじめとする語彙リスト開発者の皆様にも厚く御礼申し上げる。

なお、本書における一部は以下の研究助成を受けた成果が含まれている。

・基盤研究（C）「中国語話者から見たニア・ネイティブレベルを目指すための語彙に関する総合的研究」（課題番号16K02818）研究代表者　劉志偉　2016年4月〜2018年3月
・公益財団法人日本漢字能力検定協会　2021年度漢字・日本語教育研究助成「中国語を母語とする上級以上の学習者にとって必要な「漢字語彙」とは何か―学習メモを手がかり―」研究代表者　劉志偉　2021年4月〜2022年3月

「語彙」本の執筆を通じて、改めて「学習者の視点とは何か」について触れておきたい。従来の誤用研究または習得研究は、学習者の誤用傾向や習得実態などを明らかにしている点では重要な研究アプローチであることは言うまでもない。ただし、その数の多寡または傾向に基づいてそのまま「学習者の視点」と見なす一部の推察に関してはなお議論の余地がある。たとえば、中国語母語話者の長音短音の習得について劉（2023）には以下の記述がある。

　　「香水」のような既有知識を援用して「お新香」を「＊おしんこう」
　　と読んでしまう場合、「図書館」の「しょ」を間違いなく言えるのに、
　　中国語の「读书会」における同間隔のリズムにつられて「読書会」を
　　「どくしょうかい」と読んでしまう場合、中国語では「帮助」と「辅助」
　　が意味上極めて類義する表現で、頭で「補助」の日本語読み「ほじょ」
　　を連想しながら、「幫助」を「ほじょ」と読んでしまう場合、さらに
　　日本語では「月火水木金」と「PM2.5」をそれぞれ「げつ<u>か</u>ーすいも
　　くきん」「ぴーえむ<u>に</u>ーてんご」のように同間隔で発音することを知
　　らずに「＊げつかすいもくきん」「＊ぴーえむにてんご」と読んでしまっ
　　た場合など、長音の習得の難しさの背後には、実に様々な背景がある。
　　フォローアップインタビューなどで、これらの要因の一部を明らかに
　　できたとしても、そのすべてを把握することは難しいであろう。

　このように、日本語教育文法を考える際に学習経験者による発信、即ち「学習者の視点」も重要であると思われる。前著『学習経験者の視点から見た日本語教育文法—ニア・ネイティブレベルを目指すために—』では、文法項目を中心に、「もう少し早めにこういった用法や下位ポイントを教えてほしかった」「このように提示してくれていたらもっとわかりやすかった」「こういった視点も必要」といった学習経験から出発した学習者の要望を発信した。語彙に関しても同じように、こうした学習者側からの発信をもとに、教師側が有益と思われる点を研究と教育に取り入れていくという協働が待たれる。筆者自身は今後も平常心かつマイペースで、日本語学

習者の視点から後進の日本語教育に寄与できるような発信をしていければと思っている。

　これまでのあとがきでも書かせて頂いたが、筆者が日本語を楽しく学び、そして研究に専念できたのはすべて来日後出会えた周囲の人々のおかげである。アルバイト先、学会、職場などで多くの方にお世話になった。そして、本書は前著に続き、日中言語文化出版社関谷一雄代表のご厚意により、出版する運びとなった。編集過程において中村奈々さんに特にご尽力頂いた。また、日本語の添削などにご協力くださった井原英恵さん、中嶋徹さんに大変お世話になった。この場をお借りして御礼を申し上げる。最後に、家族にも感謝の意を伝えたい。

　筆者自身は埼玉大学において、金井勇人先生・川野靖子先生をはじめとする同僚の先生方と協力し合いながら、学部卒業論文と大学院の論文指導において学習経験者の視点を取り入れている。本書も前著と同様、日本語学習の参考資料であると同時に、研究テーマの探し方のヒントや、習得研究のテーマなどが多く含まれている。日本語学習者、さらには日本語教育の研究を目指す大学院生にご一読頂ければ幸いである。

ニア・ネイティブレベルを目指すための語彙学習
—日本語学習の経験者の視点から—

2023 年 10 月 1 日　初版第 1 刷発行

著　者	劉　志偉
発行者	関　谷　一　雄
発行所	日中言語文化出版社
	〒531-0074 大阪市北区本庄東 2 丁目 13 番 21 号
	TEL　06（6485）2406
	FAX　06（6371）2303
印刷所	有限会社 扶桑印刷社

ISBN978 − 4 − 905013 − 21 − 1